南昌大学“双一流”博士点建设专项经费资助

资金约束供应链系统融资与实践研究

SYSTEM FINANCING AND PRACTICE ON BUDGET-CONSTRAINED SUPPLY CHAIN

谢江林　何宜庆　姜睿清　朱　伟◎著

经济管理出版社
ECONOMY & MANAGEMENT PUBLISHING HOUSE

图书在版编目（CIP）数据

资金约束供应链系统融资与实践研究/谢江林等著．—北京：经济管理出版社，2020.7
ISBN 978-7-5096-7097-2

Ⅰ.①资…　Ⅱ.①谢…　Ⅲ.①供应链管理—融资决策—研究　Ⅳ.①F252.1 ②F830.45

中国版本图书馆CIP数据核字(2020)第070768号

组稿编辑：杜　菲
责任编辑：杜　菲
责任印制：黄章平
责任校对：陈　颖

出版发行：经济管理出版社
（北京市海淀区北蜂窝8号中雅大厦A座11层　100038）
网　　址：www.E-mp.com.cn
电　　话：(010) 51915602
印　　刷：北京晨旭印刷厂
经　　销：新华书店
开　　本：720mm×1000mm/16
印　　张：13.25
字　　数：201千字
版　　次：2020年7月第1版　　2020年7月第1次印刷
书　　号：ISBN 978-7-5096-7097-2
定　　价：78.00元

总 序

南昌大学是国家“双一流”计划世界一流学科建设高校，是江西省唯一的国家“211 工程”重点建设高校，是教育部与江西省部省合建高校，是江西省高水平大学整体建设高校。2014 年 5 月，南昌大学管理学院成立，学院由管理科学与工程、图书情报与档案管理、信息管理与信息系统三个老牌学科组成。管理科学与工程学科，具有从本科专业、一级学科硕士学位授权点到一级学科博士学位授权点、博士后流动站的完整体系，是江西省“十二五”重点学科。因此，在学科建设方面，管理学院在设立之初就奠定了雄厚基础。

南昌大学管理学院第一任领导班子中，彭维霞书记雷厉风行，涂国平院长沉着稳重。在他们的带领下，管理学院迈入了发展新征程，在教学、科研、社会服务、人才培养等方面均取得了显著成效。2019 年，感谢组织信任、领导推荐和同事支持，本人有幸成为了管理学院的第二任院长。感恩于前辈打下的基础，我辈少了筚路蓝缕的艰辛，却多了任重道远的压力；得益于前辈创设的体制，我辈继承了艰苦奋斗与稳健发展的精神，却也感受到了更多对于创新发展的期盼。

当前，管理学院存在规模小、底子薄、知名度不高的问题，南昌大学管理科学与工程学科在学科排名中落后于诸多“985”高校的相关学科。为此，本人时常思考如何推动学院奋起直追、实现跨越式发展，颇有心得。

学科建设是学院发展之本。2017 年，我国开始统筹推进世界一流大学和一流学科建设，南昌大学仅有 1 个学科入列。管理科学与工程学科，离“世界一流”这一目标还有遥远距离。但是，“双一流”建设为管理学院管理科学与工程学科的发展，指明了方向，也带来了机遇。管理学院的追赶式发展，需要以学科建设为抓手，在学科带头人与学科团队建设、科研平台与教学基地建设、高质量和有特色的学科品牌建设等方面做文章、争成效。

学术研究是学院发展之基。学术研究能力是学科发展的硬实力。在学校排名、学科评估、学术资源配置等方面，学术研究成果一直都是关键业绩指标。全面提升学院教师的学术研究能力、专心打造具有国际和国内影响力的高水平科研成果，是管理学院突破话语权壁垒、实现跨越式发展的战略要点。在学院内培养学术意识、推广研究型文化、引导和激励卓越研究成果的诞生，应该始终作为学院科研管理工作的重心。

人才培养是学院发展之魂。高校，是高级人才培养的重要基地。人才培养，包括学生的培养，也包括学者的培养。大学之魂，不在“大”，而在“学”——学生、学者与学术，共同构成了大学。因此，管理学院的未来发展，既寄托在优秀在校生的培养以及优秀毕业生的回馈之上，也寄托在培育大师、培养国家级与省级拔尖人才、引进具有学术追求和研究能力的青年学者之上。学院是全体师生的学院，需要全体师生的共同努力，也希望能够成为全体师生共同成长的沃土。

思想宣传是学院发展之路。南昌大学管理学院，一直都在“默默无闻”地发展。然而，作为哲学社会科学的一员，管理学科也理应承担反映民族思维、发扬精神品格、宣传思想文化、服务国家智库、繁荣社会发展的使命。很多高校的经济与管理学院之所以能在学校发展中举足轻重，也正是因为占领了思想宣传和服务社会的高地。南昌大学管理学院，需要领会习近平主席在哲学社会科学工作座谈会上的讲话精神，加强和改进宣传思想文化工作，全心培养“文化名家”、“四个一批”人才和“宣传思想文化青年英才”，在思想宣传和社会服务方面勇创佳绩。

品牌塑造是学院发展之志。高校之间的竞争，不亚于企业竞争，品牌塑造同样是高校之间竞争制胜的重要法宝。南昌大学管理学院，急需在人才培养、学术研究、社会服务等各方面提升能力、培育优势、凝练特色、塑造品牌，走差异化发展道路，才有可能“变道超车”，实现跨越。加强品牌塑造，既需要高水平学术研究成果和大师级学者等硬实力作为支撑，也需要特色、文化、制度改革等方面的软实力提供支持。

正是基于上述考虑，本人在担任管理学院院长之后，开始着手规划和布局，而这套“南昌大学管理科学与工程博士点学术研究丛书”的组织出版，正是学院围绕学科建设、学术研究、人才培养、思想宣传和品牌塑造等目标而实施的一项集体行动。希望能通过丛书出版，加强南昌大学管理学院的学术传播与品牌推广，激励管理学院全体教师的学术研究与成果发表，为南昌大学管理科学与工程学科的建设做出贡献。

在此，感谢南昌大学对管理学院发展的重视，并将管理科学与工程博士点列入学校学科建设的支持项目，学校的经费支持资助了本套丛书的出版；感谢管理科学与工程系师生的辛勤工作与创造性努力，本套丛书所发表的研究成果都是他们学术探索的劳动结晶，是他们的工作促成了本套丛书的顺利出版。

本套丛书一共包括15本学术专著。它们可以归纳为科技创新与知识管理、农业经济与生态管理、系统动力学、物流与供应链管理、政府政策与社会管理5个方向。

科技创新与知识管理方向，包括喻登科教授的《科技成果转化知识管理绩效评价研究》、《知性管理：逻辑与理论》，陈华教授的《生态学视角下高科技企业技术知识管理研究》，薄秋实副教授的《协同创新的组织模块化过程和创新模式研究》以及余伟副教授的《企业开放式创新的形成机理》。

农业经济与生态管理方向，包括徐兵教授的《城乡协调发展下中部地区农村经济系统重构》，傅春教授的《绿色发展蓝皮书》，毛燕玲教授的《非营利性农村基础设施融资机制》以及邓群钊教授的《基于承载力的排污权组合分配研究》。

系统动力学方向，包括刘静华教授的《农业系统动力学》和祝琴副教授的《系统动力学建模与反馈环分析研究》。

物流与供应链管理方向，包括徐兵教授的《PYO模式农产品供应链运作与决策研究》以及谢江林副教授的《资金约束供应链系统分析与决策》。

政府政策与社会管理方向，包括邓群钊教授的《政府财政支出与经济高质量发展》和曹开颖副教授的《再制造背景下政府政策与企业以旧换新策略研究》。

这5个方向，也基本囊括了南昌大学管理学院管理科学与工程学科的主要研究领域。我们在硕士与博士的招生与培养、学术团队与学科建设等方面，都主要是从这几个研究方向加以推进。其中，系统工程与系统动力学是南昌大学管理科学与工程学科的特色方向。

欢迎对这些研究方向感兴趣的学者与同行来南昌大学管理学院交流，欢迎对相关领域有需求的企业提供合作机会，欢迎在这些研究方向有发展潜力的青年博士能加入我们的研究队伍，欢迎有志于从事这些方向研究的同学能够报考南昌大学管理科学与工程专业的硕士与博士。南昌大学管理学院将始终秉承开放创新的理念，欢迎你们的交流与指导，也接受你们的批评与指正。

正因为有你们的支持，我相信，南昌大学管理学院会越办越好。

南昌大学管理学院院长

2020 年 4 月 20 日

序

供应链是连接供应商、供应商的供应商以及分销商、分销商的分销商之间的网络，每个企业是链上的一个节点。企业的生产经营活动不是孤立进行的，而是同链上的上、下游节点企业一起构成一条产—供—销供应链。企业资金流的运行状况直接受到上、下游节点企业的影响，上游资金流成本上升，会导致生产企业资金流的成本上升，而且这种成本上升会向下游节点产生放大效应。同样，如果某一节点企业的资金流断裂而停止运行，也会导致整个供应链生产经营活动的中断。这说明供应链中资金不足的节点企业是供应链生产运营过程中必须要关注的一个重点。

按照我国 2003 年 3 月 7 日颁布的，由国家计委、财政部、国家统计局共同研制的《中小企业暂行规定》对中小企业的定义，我国有近 99% 的企业为中小企业。因此，我国供应链节点企业除核心企业外，上、下游配套企业几乎均为中小企业。国内供应链中的资金约束主要就来自供应链核心企业与上、下游中小企业之间资金实力的差距。一方面，供应链大都是以核心企业为主导的结构，面对核心企业强大的资金实力，中小企业在资金实力上显得先天不足；另一方面，中小企业规模小，无可抵押的固定资产，难以向金融机构进行融资。在供应链的运作过程中，面对核心企业强大的资金实力和信贷优惠以及核心企业在价格、付款/交货方式、账期等方面对中小企业的苛刻要求，中小企业在供应链的运作过程中极易产生资金不足的困境，导致供应链产生资金缺口，整个供应链的资金出现失衡，严重影响供应链的整体竞争力。可见，供应链中的资金约束问题已经成为供应链管理中不可回避而又十分棘手的问题。

针对上述问题的解决方案，必将带来整个供应链的成本和效率效应，并取得特别的竞争优势。本书贯穿了系统的思想，沿着结构化分析设计这条主线，从供应链的参与主体及其生产运营两个维度对问题展开论述。首先简要回顾了资金约束供应链问题的研究背景及其发展现状，从供应链系统角度给出了资金约束供应链的定量分析模型。并在此基础上，从以下三个方面进行了重点讨论：资金约束供应链的系统分析、系统融资构架设计及融资构架下的金融风险管理。研究内容包括：①系统分析了资金约束供应链的产生来源、后果，并由此构建资金约束供应链的成长上限基模。同时，运用系统原理将资金流看作供应链系统技术水平的显著影响变量，通过定量分析模型，论述了资金约束的节点将成为供应链系统技术水平的“短板”，这是供应链系统技术水平改造的主要对象。②对于资金约束供应链系统，从主体和生产运营两个维度进行系统融资构架，以有效地解决资金约束问题。针对系统融资构架，给出了供应链系统融资的集成效应模型，对供应链系统融资所产生的成长效应进行了直观刻画。③在对供应链系统融资构架的金融风险问题研究中，运用博弈理论分析了系统融资违约产生的微观机理，并以两种典型的供应链金融融资模式：应收账款质押融资模式和存货质押融资模式为例，研究了信号传递博弈模型在供应链应收账款质量评估中的作用，以及声誉效应在供应链存货质押融资中对物流企业的激励作用。对于信用风险管理，考虑到供应链金融是针对多主体授信的特点，书中运用数据挖掘技术对经销商信用风险的识别与防范进行了研究；对应收账款质押融资中的信用风险管理给出了定量决策模型。

随着我国产业供应链规模的不断扩大，资金约束供应链问题将愈加突出。解决这一问题的办法依然是针对供应链上的中小企业融资需求进行金融产品创新和融资方案设计。

目　录

第一章
绪 论

一、选题背景与国内外企业实践

（一）选题背景

20 世纪 80 年代后期，科学技术的迅猛发展以及信息时代的到来，加快了全球经济一体化的进程。企业经营的无国界化日趋明显，整个市场环境和经营特征发生了根本变化：产品的生命周期越来越短、企业越来越依赖基于时间的竞争、消费者的需求变化越来越快，这一切给企业在产品销售、生产和开发设计等方面带来了巨大压力。企业形成全面竞争态势，而对于制造业本身，制造加工过程本身的技术手段对提高整个产品竞争力的潜力开始变小。因此，传统的只重视企业内部资源开发、利用的方法已不能适应新的商业环境，企业需要从外部资源提供商那里获得竞争优势，从而获得更大的竞争生存空间。如何管理与控制供应者与需求者之间的物流、信息流、资金流，降低库存水平、加速物流及资金流的周转，成为人们迫切需要解决的问题。在这种情况下，供应链管理的出现正适应了这一需求。与此同时，物流技术的进一步专业化发展为物流外包趋势提供了可能性和技术保证。制造商们通过不断改进流程管理，打造核心竞争力，以实现快速响应能力。

Lee 等（1997）、Hau 等（1997）通过进一步研究供应链上的牛鞭效应，认为牛鞭效应是由于系统参与人为响应需求变化、避免缺货、降低成本，在追求自身利润最大化条件下所做出的理性行为。因此，供应链管理开始通过寻求发展信息技术来实现节点企业间共享需求信息、订货和交货信息以及成本信息等，以减少这种变化。信息共享技术的发展加快了 JIT（Just in Time，准时制生产方式）和 TQM（Total Quality Management，全面质量管理）的进程，使供应链合作伙伴关系的研究成为热点。而激励机制的设计和实现使供应链上的成员在降低成本的同时提高客户的满意度，并可促进供应链中各成员的相互信任，有利于结成更为紧密的联盟来对快速变化的市场需求作出敏捷反应。

经过了 30 年来的不断发展，供应链管理在物流和信息流技术上日趋完善。然而面对同样是三流之一的资金流，在其管理上却一直没有取得大的进展，相关的学术研究较为缺乏。在企业的应用实践中也存在着同样的问题，Gopfert 和 Neher（2001）的调研中曾明确指出：大部分企业不重视资金流管理，认为供应链管理仅仅是仓储、运输等传统物流的重新整合，在被调查的企业中，约有 57% 的企业关注的焦点都集中在物流和信息流的管理上。资金流管理研究的滞后，使物流、信息流和资金流的同步化管理难以开展。至今为止，多数有关供应链管理理论的研究和模型的建立都基于供应链资金充足这一假设。供应链订货与库存策略研究一直是供应链管理的重要内容，其中的模型在实践中有着广泛的运用，并在基本模型的基础上出现了多种变形。这些模型中的许多模型也都是建立在资金满足需求的前提下来考虑采购订货以及库存控制的最佳决策问题。这些理论研究成果运用在实际的供应链管理过程中往往会导致生产与决策的不可行。因为，在实际的市场环境中，供应链上的许多节点（尤其是中小企业）往往资金不足，即自有资金无法满足市场的实际需求，无法按照市场需求制订相应的采购或销售计划。2007 年 1 月，供应链金融电子平台提供商 Demica 公司发布的一份研究报告指出，73% 的欧洲大型企业一方面不断向其他供应商施加降价压力，另一方面又不断延长向这些供应商支付账款的账期，导致很多供应链面临资金链断裂的风险。而 2007 年下半年波及全球的次贷危机，使许多大型国际银行元气大伤，整个银行业信贷紧缩。让大批供应链的资金链雪上加霜、供应链收益损失惨重，资金约束问题导致了供应链危机。Aon 公司的研究报告（Aon，2007）将由此而造成的供应链危机（Supply Chain Risk）定义为 2007 年全球最严重的商业事件之一。

为便于研究，在这里我们先对资金约束供应链给出一个简单的界定：在供应链运营过程中，如果存在节点企业在采购、生产、销售任何一个环节出现资金不足问题时，则称供应链存在资金约束，即资金约束供应链。

供应链是一个连接其供应商、供应商的供应商以及分销商、分销商的分销商之间的网络，每个企业是链上的一个节点。企业的生产经营活动不是孤立进行的，而是同链上的上、下游节点企业一起构成一条产—供—销供应链，各节点企业都只是其中的一个环节。企业资金流的运行状况直接受到其上、下游节点企业的影响，如果上游资金流成本上升，会导致生产企业资金流的成本上升，而且这种成本上升会向下游节点产生放大效应；同样，如果某一节点企业的资金流停止运行，也会导致整个供应链生产经营活动的中断。这说明供应链中资金不足的节点企业是供应链生产运营过程中必须要关注的重点。

当前，我国的绝大多数供应链都面临着资金约束问题。按照2003 年 3 月 7 日颁布的，由国家计委、国家财政部、国家统计局共同研制的《中小企业暂行规定》[①] 对中小企业的定义，我国有近 99% 的企业为中小企业。因此，我国供应链节点企业除核心企业外，上、下游配套企业几乎均为中小企业。在供应链中，资金约束问题表现最突出的就是供应链中的各中小企业。虽然改革开放 40 多年来，中小企业已经成为我国经济发展中的一支重要力量，但融资不畅一直是困扰我国中小企业发展的重要因素。尤其自 2008 年下半年以来，在全球金融危机给实体经济发展带来的危害不断加深的背景下，中小企业融资更是面临前所未有的困难。据国家发改委中小企业司 2008 年 8 月 3 日发布的统计结果显示，在国际经济形势增速放缓，国内宏观调控结构调整等因素影响下，相当部分中小企业面临资金链断裂等困难，2008 年上半年全国有 6.7 万家以上的中小企业倒闭，1/10 以上中小企业工业增加值增长率接近 30%，较上年同比减少 15%。另据《中国中小企业发展报告（2006 - 2007）》的调查数据显示，我国 300 万

① 国家计委，国家财政部，国家统计局［S］. GB T4754 - 2002，中小企业暂行规定，北京：中国标准出版社，2003.

户私营企业获得银行信贷支持的仅占10%左右。2003年全国乡镇、个体私营、“三资”企业的短期贷款占银行全部短期贷款的比重仅为14.4%，其中个体私营企业为1.1%、“三资”企业为4%。截至2005年6月末，北京市中小企业贷款余额仅占各项贷款余额的7.7%，中小企业贷款增速呈较快下降趋势，贷款占比不断下降，中小企业获得信贷支持力度远远无法满足其发展需求（陈乃醒和傅贤治，2007）。

国内供应链中的资金约束主要来自供应链核心企业与上、下游中小企业之间资金实力的差距（谢江林等，2008）。一方面，供应链大都是以核心企业为主导的结构，面对核心企业强大的资金实力，中小企业在资金实力上显得先天不足；另一方面，中小企业规模小，无可抵押的固定资产，难以向金融机构进行融资。在供应链的运作过程中，面对核心企业强大的资金实力和信贷优惠，以及核心企业在价格、付款/交货方式、账期等方面对中小企业的苛刻要求，中小企业在供应链的运作过程中极易产生资金不足的困境，导致供应链产生资金缺口，造成资金链紧张，整个供应链的资金出现失衡，严重影响供应链的整体竞争力。可见，供应链中的资金约束问题已经成为供应链管理中不可回避而又棘手的问题。

针对上述问题的解决方案，必将带来整个供应链的成本和效率效应，并取得特别的竞争优势。假如资金约束的企业可以从相关金融机构或企业，以一定成本获得融资，这种融资服务将会为供应链带来成本和效率效应。因此，在供应链管理的过程中，应考虑将供应链节点企业融资和供应链的生产运营相结合，研究通过有效的金融支持，解决供应链的资金约束问题。

供应链管理的思想是要把整条链看成一个集成组织，把链上的各个企业都看成合作伙伴，对整条链进行集成管理。管理的目的是通过链上各企业之间的分工协作，对链上的物流、信息流以及资金流进行合理优化，从而提高整个供应链的竞争力。因此，供应链管理为供应链节点企业提供了一个信息平台及物流、信息流和资金流的协调关系以及融资规模。它可以有效解决中小企业由于规模和信誉制约所带来的融资难题。供应链管理为供应链企业带来的融资优势，具体表现在以下3个方面：

（1）企业融资更具柔性。柔性是指企业快速地响应变化环境的能力。供应链管理就是在信息共享的前提下对物流和资金流进行经营协调，使资源在供应链上合理流动，实现高柔性的供需关系。

供应链本身的链式结构决定了供应链内部资金流动的敏捷性，一旦某个环节脱钩将引起整条链的连锁反应，这要求供应链的融资管理系统具有更高的柔性和敏捷性。供应链中资金流伴随物流和信息流同步流转，当物流出现问题时，借助链内庞大的信息网，企业根据市场需求变化及时改变融资计划，减少资金使用成本，以提高融资质量。

（2）有利于企业开展民间融资。由于单一的中小企业资金需求量低，管理过于分散，且投资风险很大，如何保证投资的安全性是所有投资者所关心的。民间资本在决定投资对象时最先考虑的就是被投资企业的还款能力，借助供应链管理信息平台可以有效地消除投资人和中小企业之间的信息不对称程度，降低借贷的风险。供应链形成的规模优势、资源优势和企业信用及竞争力的提高有利于吸收民间资本，如集合资金信托投资等。

（3）有利于向金融机构进行融资。中小企业融资难的一个重要原因就在于中小企业过于分散和信贷风险较高。供应链管理形成的规模优势及其物流、信息流、资金流的协调关系，使处于供应链中的中小企业具有了融资规模优势。基于供应链管理融资可以集合链内企业各自的优势资源，根据链内各企业用资需求签订联合融资协议，采取抵押贷款、担保贷款等方式，集中向银行申请贷款，然后根据协议进行分配。而银行通过对链上的多个企业放贷，不但可以获得规模经济效应，还可以降低交易成本。

既然供应链管理为节点企业带来了融资优势，就可以考虑运用这种融资优势，为资金约束供应链的节点企业进行合理的融资设计，以有效地解决资金约束问题。正是基于上述背景，本书对供应链管理的研究侧重对资金约束供应链的生成机理与控制机制进行深入系统的研究。21 世纪企业之间的竞争是供应链之间的竞争，系统的分析和消除供应链中资金约束所带来的影响显得尤为重要。

（二）国内外企业实践

随着市场竞争的加剧、企业利润的不断下降，国外的先进企业意识到资金约束供应链的存在，以及由此所产生的大量融资需求，将会给企业带来新的利润增长点。从银行角度来看，供应链融资需求所带来的融资业务比传统的利润更丰富，而且提供了更多强化客户关系的机会。在信贷环境恶化的 2007 ~ 2008 年度，上述理由显得十分突出。更重要的是，供应链融资市场潜力巨大，根据 UPS（2007）的估计，全球市场中应收账款的存量约为 13000 亿美元，应付账款贴现和资产支持性贷款（包括存货融资）的市场潜力则分别达到 1000 亿美元和 3400 亿美元。到 2008 年 5 月，全球最大的 50 家银行中有 46 家向企业提供供应链融资业务。很多银行的表外业务部门对应收账款表现出前所未有的兴趣，因为可以此为基础，在资本市场上发行资产支持的商业票据来获得再融资。而以 UPS 为代表的第二方物流企业认为，对卡车运输、货物代理和一般物流服务而言，激烈的竞争使利润率下降到平均只有 2%左右，已没有进一步提高的可能。而对于供应链末端的金融服务来说，不仅能作为争取客户的一项重要举措，而且能够通过创造供应链价值为自身带来利润。2001 年 5 月，全球最大的物流快递企业 UPS 并购了美国第一国际银行，将其改造成 UPS 金融部门为客户提供 IRS 服务，即包括以存货、国际应收账款为抵押的贸易融资等业务。2003 年，UPS 通过所提供的 IRS 服务，成功地解决了沃尔玛和东南亚数以万计的供应商之间，因应收账款拖欠而导致的供应链资金周转难问题。只要这些出口商的货一交到 UPS 手中，UPS 便保证在两周内把货款支付给这些出口商。在这一过程中，UPS 不仅为处于供应链上游的供应商解决了资金周转难题，其自身也分享到了存货融资服务所带来的巨大收益。世界排名第一的船公司马士基也是这一业务模式的参与者，成为其最大的利润来源。2004 年 DHL 公司开始在上海为客户提供物流和关税融资服务，虽然限于中国金融业监管现状，这些物流公司只能在内地开展一些金融咨询服务。

在解决供应链中小企业融资难的实践过程中，我国学术界和企业界人士创造了物流银行、融通仓等多种金融创新产品和服务模式。供应链融资是金融机构针对供应链上、下游企业提供的一种金融业务。供应链融资的解决思路是：首先，由银行理顺供应链成员的信息流、资金流和物流；其次，根据稳定、可监管的原则分析目标企业的应收、应付账款信息及现金流，并将其与银行的资金流信息进行整合；再次，通过重点考察贸易背景和物流、资金流控制模式的办法，运用新的信贷分析及风险控制技术进行企业状况分析；最后，由银行向企业提供融资、结算服务等一体化的综合业务服务。早在1999年，深发展的业务人员在办理贸易融资业务时就注意到，产业经济的发展已从企业与企业的竞争，转向供应链与供应链之间的竞争，产—供—销供应链中的各企业也开始从竞争走向竞合。供应链中处于资金弱势地位的中小企业大量的融资需求让深发展看到了契机。2002年，深发展正式在全行推出了动产及货权质押授信业务。借款人将自有的动产或货权质押给银行，银行通过对质押物实施监管或控制，开展流动资金授信业务。自推出此服务以来，深发展已经成功帮助数千家中小商贸企业和生产制造企业实现了快速增长。2005年全年，深发展累计投向供应链贸易融资的资金总额超过2500亿元，累计扶持超过1万家中小企业实现了业务成长。而且，深发展在开展供应链金融业务过程中保持了较好的资产质量。以货押业务为例，这项业务开办5年来，不良率维持在0.5%以内。深发展在供应链融资业务上取得了巨大成功，推出预付类、存货类和应收类三大类共计20多项供应链融资产品，处于供应链任何节点的企业都可以选择到适合自己的产品。随着深发展供应链融资产品的不断推出，国内其他银行业也开始竞相模仿，如浦发银行、民生银行相继推出各自的供应链融资产品。众多的企业实践表明，这些金融创新产品和服务模式通过为供应链资金弱势中小企业提供金融支持，等于将资金这一“脐血”同时注入了供应链，解决资金约束供应链问题，提升供应链的竞争力，并为众多参与企业带来收益，推动中国经济向前发展。

二、问题的界定及研究目的和意义

（一）问题的界定

本书对供应链管理的研究主要侧重以下基本内容：

1. 系统分析资金约束供应链的生成机理和影响效应

对资金约束供应链的生成机理从参与主体和生产运营两个维度进行系统分析，并从供应链系统角度，探讨资金约束对供应链系统整体竞争力的影响。

2. 资金约束供应链的系统决策主要解决：系统融资策略、银企博弈策略和风险定量决策模型问题

首先，从供应链系统角度分析并比较内部、外部融资模式对供应链整体价值的影响，给出最佳的融资模式决策，并提出系统融资构架；其次，针对资金约束供应链系统融资构架，运用博弈分析理论构筑一个资金约束供应链系统融资下的违约风险微观生成机制的研究框架，给出银企博弈策略；最后，针对信用风险问题研究通过定量决策模型进行信用风险的识别与防范。

（二）研究目的和意义

1. 研究目的

通过大量的文献阅读与分析，我们认为当前对该问题的研究存在以下特点和不足：

（1）对资金约束供应链的生成机理及影响效应的分析研究比较零散，多数文献仅针对各自的研究问题进行了简单描述和探讨，缺乏系统化的分析和研究。

（2）对于供应链中资金约束问题的解决思路，主要从单个节点角度，即围绕解决中小企业融资难问题展开。没有从供应链系统角度，运用供应链管理提供的融资优势，探讨最有效、可行的融资方式，也没能为其提供系统的融资解决方案。

（3）供应链金融与传统单主体授信模式具有显著不同，是针对多主体授信。因此，尽管有大量的有关供应链风险管理和传统融资风险管理文献，但对于与供应链金融有关的金融风险识别、评估和管理过程的研究较少，尤其是针对供应链金融风险的定量分析模型。

因此，本书从参与主体和生产运营过程两个维度，对资金约束供应链的生成机理、影响效应进行全面、系统地分析和研究。通过定量模型分析了供应链系统技术水平的“短板”，为供应链系统技术水平改造提供依据。在系统融资解决方案设计上，分析并比较内部、外部融资对供应链整体价值的影响，提出有效融资模式——供应链金融，并运用供应链金融从主体和生产运营两个维度进行系统融资构架。最后，针对系统融资构架，给出了信用风险管理的定量决策模型。

2. 研究意义

本书研究的意义主要可以从以下三个方面来讨论：一是提升供应链系统技术水平，增强供应链整体竞争力；二是解决中小企业融资难题；三是为金融机构进行风险防范提供参考依据。

供应商决定着核心企业的生产能力，经销商决定着核心企业的销售目标。因此，核心企业的市场反应能力在很大程度上取决于供应商的供应能力以及经销商的销售能力。假如资金不足的企业利用供应链管理所带来的融资优势，从相关金融机构获得融资服务，便可实现供应链的最小化的资金约束，使整个供应链的运转流畅。与此同时，核心企业凭借自己的市场信用，利用银行的支持，壮大了以自己为核心的供应链实力，最终就表现在整个供应链的市场竞争能力得以大幅提高上。本书从供应链系统角度，构造了供应链系统技术水平的量化模型，分析资金约束供应链所带来的“短板”效应，从理论上进一步论证了资金约束对供应链系统性能的影响，为供应链系统技术水平改造提供依据。

中小企业融资难是一个世界性难题，在我国尤为突出（徐文丽，2004；肖文君，2006）。由于供应链中资金短缺的企业都是传统意义上难以融资的中小企业，因此，如何设计适合中小企业的融资模式是解决资金约束供应链的关键。本书从供应链的角度来研究中小企业融资问题，运用供应链金融进行系统融资构架，从而突破了传统融资的局限性。供应链金融是专门为中小企业量身定做的一种融资模式，它紧贴供应链的结构及交易特点，借助核心企业的信用实力或单笔交易的自偿程度与货物流通价值，对供应链上单个或上下游多个中小企业提供全面的金融服务。供应链金融有利于弱化银行对中小企业本身的限制，有利于缓解银行信息不对称的程度，有利于降低银行的交易成本，从而刺激银行发放贷款的积极性，提高银行对中小企业的信贷支持，能有效缓解我国中小企业的融资困境。但国内关于这方面的研究还比较欠缺。

对于与供应链金融融资有关的金融风险管理识别、评估和管理过程的研究较少，这也是许多银行在这项业务进展不大的主要原因。本书运用博弈方法，从契约论角度分析应收账款质押融资违约风险形成原因，构造信号博弈模型，针对该模型给出相应的分离均衡区间和混同分离区间；引入声誉效应，建立两阶段存货质押监管模型，给出基于声誉效应的薪酬激励机制的设计。针对多主体授信，运用数据挖掘技术对主体信用风险进行识别，为金融机构防范风险提供参考依据。

由于我国的金融市场还很不完善，解决中小企业融资难的问题仍需要一段较长的时间。因此，资金约束供应链问题也将不可避免地存在，随着我国产业供应链规模的不断扩大，资金约束供应链问题将愈加突出。解决这一问题的办法依然是针对供应链上的中小企业融资需求进行金融产品创新和融资方案设计。我国在这方面的研究仅局限于各种融资业务的概述，参与成员、操作流程等方面的定性分析，对这些业务中的定量研究较少，尤其缺乏从供应链的整体出发研究资金约束下，不同的融资模式对企业融资决策所产生的影响。本书试图从供应链系统的角度出发，将供应链的运作过程分为产—供—销三个阶段，分析不同阶段的资金约束问题，并运用商业银行盛行的供应链融资模式进行系统融资构架，将资金流、物流和信息流进行有机结合，研究不同阶段的具体融资方式、节点企业的价格策略、信贷风险控制问题等。因此，有助于商业银行和物流企业开拓供应链金融业务，有助于供应链各主体寻求有效融资解决方案，有助于今后相关理论的进一步研究。

三、文献综述

（一）文献发展回顾

Modiglian 和 Miller（1958）认为在完全竞争市场条件下，当公司的债务比率由零增加到100%时，企业的资本总成本及总价值不会发生任何变动，即企业价值与企业是否负债无关，不存在最佳资本结构问题。因此，企业的生产运作可以不考虑资金约束的影响，这是现代金融学发展成为一门学科的重要理论。在这一理论的指导下，传统供应链管理研究中，主要研究物流与信息流的影响，很少研究资金流对供应链的影响。例如，研究文献 Kraus 和 Litzenberge（1973）、Scott（1976）、Brenna 和 Schwartz（1978）、Jesen 和 Mechling（1976）、Miller（1977）、DeAngelo 和 Masulis（1980）、Castainsa（1983）等。而完全市场竞争与实际的市场环境不相符，因此，在供应链管理的研究中应考虑在资金约束下如何协调物流与资金流的关系。

在经济研究领域，有一些研究者开始研究企业资金约束对企业运营决策的影响，如 Levaggi（1991）、Che 和 Gale（2000）以及 Thomus（2002）等。但研究仅局限于考虑单个企业在静态资金约束下的运营决策问题，较少考虑金融对生产运营的影响。在企业运营研究领域，针对供应链管理的研究较为丰富，如 Yano

Lee（1995）、Hariga 和 Haouari（1999）、Gullu 等（1999）、Cashon（2004）。但以往的研究主要集中于供应链管理中的物流与信息流协调问题，如 Gavimeni 等（1999）、Lee 等（1992，1997），Moinzadeh 和 Aggarwal（1997）、Chen（1998）、Cachon 和 Fisher（2000）、Cashon（2002）等，这些文献在进行问题研究时大都假设企业资金无限充足。Graves 和 Ton deKok（2003）对大量供应链管理领域的研究文献进行分析后，指出这些文献主要是研究通过控制生产计划或库存、产能扩张等手段来解决供应链中物流的供需矛盾。较少有文献研究资金约束供应链问题，以及研究如何通过金融支持系统地解决资金约束供应链问题。

供应链企业的生产经营活动不是孤立进行的，当某一节点企业资金不足时，将导致供应链产生资金缺口，严重影响整个供应链的生产运作过程，甚至整个生产经营活动的终止。可见，供应链资金不足的节点是链中最为薄弱的环节，在很大程度上决定供应链系统的性能。因此，为供应链中资金约束的节点企业寻求金融支持是生产运作过程中值得关注的重点。

（二）相关文献综述

1. 供应链融资

Buzacott 和 Zhang（2004）运用基于供应链中生产商的资金流管理思想，考虑当企业在生产运作过程中受到资金约束时，如何通过存货融资方式解决企业的资金困境。研究表明，利用资产融资对于企业的成长性具有重大的促进作用。Marquez 等（2004）建立的模型也考虑了资金约束的影响，并指出随着银行信用额度的增多，资金约束的影响会减小，企业将拥有更好的表现，如库存更少、订货更及时、准确等。针对资金约束供应链问题进行系统分析与研究的文献较少，主要是针对各自的研究问题从融资对象及融资模式进行了相关的研究。

从依托融资对象的研究来看，Buzacott 和 Zhang（2004）考察了零售商和银行组成的金融供应链，论述了当零售商初始资金有限，可以库存为抵押向银行贷款，零售商进行最优订货决策，使销售周期结束时，留存收益最大。Caldenety 和 Haugh（2005）研究了三类订货合同中的资金约束问题，探讨了如何运用金融市场中的对冲机制来解决经销商采购货物时所面临的资金难题。Caldentey 和 Chen（2007）研究了在零售商资金约束条件下，特殊信用合同可以创造供应链新的价值。

从融资方式来看，Birge 和 Zhang（1999）应用期权理论和定价理论，研究了库存管理中风险问题。Buzacott 和 Zhang（2004）研究了市场不确定条件下资金约束企业中运营管理和融资管理之间的相互联系。Caldentey 和 Haugh（2005）比较了当零售商受资金约束时有套利保值和无套利保值柔性合同的绩效差异。Xu 和 Birge（2005）在报童问题基础上建立模型研究资金约束和管理激励条件下最优的生产决策。Ding 等（2005）和 Dong 等（2006）从风险管理角度考虑了运营决策和资金决策的相互作用和影响。Chen 和 Ying（2007）研究了医疗供应链中的融资服务和决策问题。Guillen 和 Badell（2006）研究了集生产与企业融资计划于一体的短期供应链管理，提出合理的供应链管理模式可以影响企业的运作与资金融通，从而增加整体收益。Klapper（2005）就供应链中的中小企业采用存货融资模式的机理及功能进行了分析。针对中小企业规模小，无可抵押的固定资产，难以向金融机构进行融资（Coulter & Onumal，2002；Hainz，2003）的问题，Berger 等（2004）最早提出了关于中小企业融资的一些新的设想及框架，初步提出了供应链融资的思想。

国内相关文献的研究主要是围绕中小企业融资难的解决思路展开的，发展较为迅速。曲迎波（2007）认为中小企业融资难问题有着极其复杂的社会经济及运作方面的原因，因此，短期内依然无法解决，要想有效解决融资难问题，必须通过金融创新途径。应雯珺和仲文娜（2006）认为供应链中节点企业（尤其是中小企业）往往资金不足，应用系统动力学建立一个由制造商、分销商、零售商和顾客组成的供应链系统，考虑当资金约束供应链时，通过引入融通仓的运作模式解决供应链中资金约束问题。陈祥锋等（2008）在分析了资金约束供应链问题后，给出了由单一供应商和单一零售商组成的供应链模型，研究供应链中金融活动和运营的综合决策问题及其影响，证实零售商出现资金不足或预算限制时，融资服务可为整个供应链创造新价值，并且资本市场的竞争程度将直接影响零售商、供应商和金融机构的具体决策。段佳国（2004）认识到供应链中小企业内源融资不足，其资金来源主要依靠外源性融资，但由于自身规模问题，外源性融资又渠道不畅，造成融资难题，这不仅阻碍中小企业发展，也不利于产业供应链发展、壮大。他提出中小企业可以通过发展与大企业的关联关系，在价值链、供应链的基础上建立信誉桩，降低经营风险，提高社会信誉，从根本上解决其融资难题。唐少艺（2005）运用供应链融资的思想对中小企业的融资模式进行了探讨。李碧珍（2005）阐述了融通仓的含义和功能，提出我国中小企业开展融通仓业务的建议。于洋和冯耕中（2003）针对我国物流业界兴起的物资银行业务分析了其起源及重要性，总结了基于权利质押和基于流动货物质押的两种物资银行业务模式，并分析了物资银行业务运作中的风险及其控制办法。吴英杰（2004）分析了商业银行仓储质押贷款业务在具体开办过程中所呈现的特点及面临的主要问题，并讨论仓储质押贷款的客户类型和质押物选择。曾文琦（2005）分析了仓单质押贷款的设计原理及开展的方式，通过对银行与第三方物流企业开展仓单质押贷款业务合作的SWOT分析，银行一定程度上可解决信息不对称问题，相当于将一部分业务外包给融通仓，而第三方物流企业提供了新的增值服务，是新的利润增长点。在应收账款融资方面，郭涛（2005）详细论述了应收账款融资的原理及融资优势；张家良（2004）较早研究了应收账款质押担保所涉及的法律问题，认为应收账款从法律性质上属于合同债权，即基于合同而产生的债权，用应收账款作为质押担保是法律允许的。俞嵘（2008）指出应收账款质押是我国《物权法》规定的一种新型担保方式，它扩大了企业可供融资担保的财产范围，同时不影响企业的日常生产经营，但是对债权人的保护力度相对而言较动产质押及票据、债券、仓单等具有物化性质的权利质押弱。他还分析了应收账款质押设立的有效条件，并提出了商业银行运用这一担保方式开展授信业务时应注意的法律问题。泰宏昌（2008）对商业银行开展应收账款融资相关问题进行了深入研究，对业务实践中相似的融资方式或担保方式进行了比较。

国内外的理论研究和企业实践，对供应链中的单个节点（尤其是中小企业）的融资难题进行了广泛地探讨，从不同角度提出了有效的解决方案，初步探讨了供应链管理所带来的融资优势。但是，相关文献的研究显得比较零散，缺乏系统的分析思想和解决方法。本书将供应链看成是一个系统，从系统的角度分析资金约束供应链的产生机理，并通过系统的融资解决方案，以消除资金约束供应链所产生的影响。

2. 金融风险管理

从风险管理角度看，金融风险管理理论以针对传统融资模式管理居多。例如，Minsky（1982）从企业角度研究信贷市场的脆弱性，认为信贷市场的脆弱性主要来自于借款人的高负债经营，金融机构内在脆弱性是其本性。Kregel（1997）从银行角度研究信贷市场的脆弱性，提出了安全边界说，指出银行不恰当的评估方法是导致信贷市场脆弱性的主要原因。Martinelli（1997）认为密切的银企关系会增加信贷的有效性，表现在：①选择高风险项目的借款者在任一阶段无法履行还贷责任后，将不可能再从贷款者处贷款，这有助于改善信贷市场上借款群的质量；②声誉的影响将促使借款者选择安全的项目，特别是在借款者能够通过不断偿债建立起的好名声而享受到较低利率时。从 20 世纪 90 年代开始，关于定量度量信用风险的研究成为热点课题，研究从主观定性研究向定量研究发展。一系列的模型不断涌现，有些数量化度量模型及应用已经得到了学术界和金融界的认可，如摩根财团 1997 年建立的以风险价值（VaR）为基础的信用度量制（Credit Metrics）模型，KMV（1993）公司建立的以期权理论为基础的 KMV 模型，瑞士信贷银行（1997）建立的以保险精算方法为基础的 Credit Risk + 模型和麦肯锡公司建立的以宏观模拟为基础的 Credit Portfolio View 模型等。我国处在经济转轨时期，各种市场机制很不完善，使得与信贷的各个微观主体的行为受到非市场因素的约束，因而国内学者对商业银行信贷风险管理方面的研究较少。王春峰等（1998、1999、2000）对神经网络、遗传规划、分类树等人工智能技术在我国商业银行信用风险评估中的应用进行了详细地探讨。邓云胜等（2003）运用蒙特卡罗仿真技术计算了贷款组合信用风险的 VaR。吴军和张继宝（2004）对国外主要的四种信用风险量化模型——CreditMetries 模型、KMV 模型、CreditRisk + 模型和 CreditPortfolio View 模型进行了比较分析，探讨了信用风险量化模型在我国的实际应用问题。以上的这些风险分析与度量方法主要都是针对传统单主体授信融资模式，考察的是企业的静态财务数据。

供应链金融在我国起步不久，与传统针对单一主体授信的模式不同，是针对多主体授信，考察的主要是动产及票据。国内在这方面的研究相对较少。沈讳龙和任若恩（2002）、陈忠阳（2004）、艾东（2005）对有关供应链金融理论进行了梳理，识别了商业银行开展供应链金融业务可能产生的新的信用风险，并针对这些新风险提出了相应的防范对策。储雪俭和梁虹龙（2005）对如何发展供应链金融并有效防范信贷风险进行了探讨。此外，唐少麟和乔婷婷（2006）用博弈分析的方法从风险控制的角度论证了对中小型企业开展物流金融的可行性，指出相应的风险可以通过规范管理制度和采用新的管理工具加以有效控制。李娟等（2007）运用完全信息动态博弈模型分别分析了存货质押融资业务中银行与物流企业及中小企业三方之间的博弈关系，指出加强对物流企业的监督比加强对中小企业的监督更重要，由此给出了相应的风险防范策略。刘士宁（2007）提出了通过规范供应链金融的各项业务操作来防范金融风险的建议。

从国内外供应链融资理论研究来看，供应链融资显然还是一个崭新的研究领域。国内关于这方面的研究还欠缺，尤其是定量分析模型。商业银行供应链金融风险管理政策不配套，也导致了多数银行在供应链金融业务上无法开展或进展程度不大。本书在以上有关供应链金融风险管理研究基础上，运用数据挖掘技术、博弈分析方法对供应链金融风险进行分析，给出定量分析模型，对于相关理论研究以及商业银行和物流企业开拓供应链金融业务具有一定的意义。

四、研究内容与结构

（一）研究内容

本书以资金约束的供应链系统为研究对象，旨在系统地分析资金约束供应链的生成机理，并降低和消除资金约束给供应链系统所带来的成长限制，除第一章和第七章外，通过五章的分析研究来完成。具体的研究内容如下：

1. 系统地界定资金约束供应链的概念

运用信息系统工程的思想，将供应链看作一个系统，从系统角度分析核心企业为主导的供应链结构的系统目标。以核心企业的生产需求和销售需求作为上、下游配套企业实际需求，按照系统分解原则，将需求沿各子系统进行分解，给出资金约束供应链的定量分析模型及其系统模型。为以后各章的研究进行铺垫。

以核心企业的生产需求、销售需求作为系统目标所给出的资金约束定量分析模型，将资金约束与资金作为资源的稀缺性区别开来，契合供应链金融创新融资业务风险管理技术的解决思路。而以往对于资金约束供应链的定义，仅仅只是针对研究问题的简单描述，没有强调其与资源稀缺性之间的差别。

2. 资金约束供应链的生成机理及其影响效应研究

从供应链的参与主体和生产运营两个维度展开。构建相应的资金约束供应链研究的逻辑模型，分别研究主体和生产运营过程资金约束的产生来源及其加剧因素。在此基础上，对资金约束供应链所产生的成长限制，利用系统动力学建模技术构建资金约束供应链的成长上限基模，以对资金约束供应链影响效应进行直观的刻画。

在对资金约束供应链的影响效应的研究中，还运用系统原理中的“木桶原理”，通过对供应链系统技术水平的定量分析，指出资金约束的节点企业将成为供应链系统技术水平的“短板”，是供应链技术水平的改造对象。

3. 资金约束供应链的系统融资方案设计研究

由于供应链中资金短缺的企业都是传统意义上难以融资的中小企业，因此，如何设计适合中小企业的融资模式是解决资金约束供应链的关键。因此站在供应链系统的角度，对资金约束供应链的系统融资模式进行简单的概述，比较不同融资模式的融资优势，以确定最有效的融资模式作为融资解决方案。然后，以该融资模式对资金约束供应链进行系统融资构架，以减少或根本消除资金约束供应链所产生的影响。

4. 资金约束供应链系统融资构架下银企间的博弈研究

将金融机构的融资决策和金融风险理论与供应链管理理论相结合，运用博弈分析理论构筑资金约束供应链系统融资下的违约风险微观生成机制的研究框架。研究该系统融资构架下金融机构与融资企业之间的博弈以及金融机构与物流企业之间的委托—代理问题。以两种典型的供应链金融融资模式应收账款质押融资和存货质押融资为例，研究信号传递博弈模型在供应链应收账款质量评估中的作用，以及声誉效应在供应链存货质押融资中的激励作用。

5. 资金约束供应链系统融资构架下经销商信用风险研究及应收账款质押融资定量决策模型研究

介绍金融风险管理的基本概念，给出供应链金融信用风险管理的基本框架，针对供应链系统融资构架中的主体融资，运用数据挖掘技术给出经销商信用风险的识别与防范研究，以及动产质押中的应收账款质押融资风险管理的定量决策模型。

（二）本书结构

本书的结构如图 1. 1 所示。

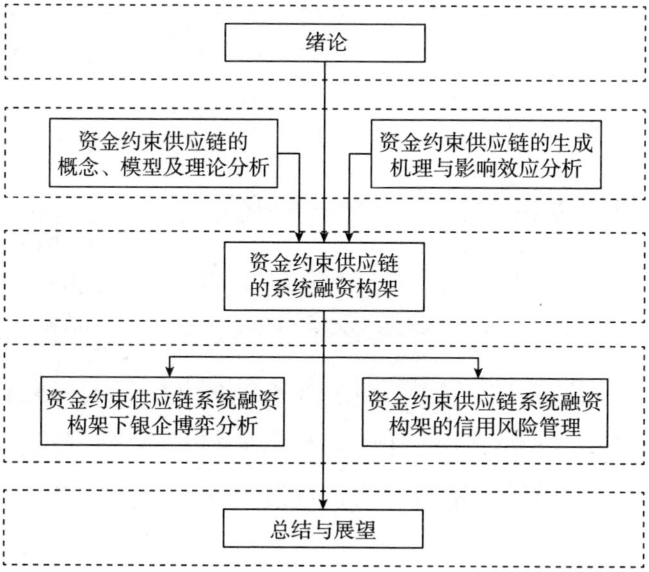

图 1. 1　本书结构

本书分为五个部分：第一部分，提出问题。主要对资金约束供应链现状及供应链管理所带来的企业融资优势进行回顾，给出了选题背景、意义。第二部分，对资金约束供应链进行系统分析。主要包括资金约束供应链的概念、产生来源、后果等问题。第三部分，资金约束供应链系统融资设计，包括主体融资设计及生产运营融资设计及其系统融资下供应链的集成效应。第四部分，供应链系统融资的风险管理。包括违约风险的微观生成机理及其信用风险管理的定量决策模型。第五部分，总结全文并讨论未来的研究方向。

五、研究方法与创新点

（一）研究方法

供应链是一个多主体、异构的复杂系统，因此，针对其资金约束的系统分析及资金约束下各节点企业融资问题的研究比较复杂，往往借助多学科的知识并使用多种研究方法。本书在研究过程中采用了多种分析方法，既有传统学科的传统研究方法，也有一般性的研究方法，还有一些为研究该问题提出的创新研究方法。

1. 博弈分析方法

博弈分析方法是用数学方法研究经济主体在特定环境和一定规则下如何选择策略和行动方案，并取得预期效果的理论。从博弈论来看，企业自身效用不仅依赖自己的选择，而且依赖其他企业的选择：企业的最优选择是其他企业选择的函数。本书通过运用博弈分析中信号传递模型，从契约论角度分析应收账款质押融资违约风险形成原因。

2. 系统动力学建模方法

系统动力学（System Dynamics，SD）是美国麻省理工学院（MIT）以 Forrester 教授为首的系统动力学小组在 20 世纪 50 年代创立和发展起来的一门学科。它的思想基础是系统的因果关系和系统结构，认为系统内的一切事物普遍存在因果关系，并利用因果关系图来刻画系统各变量之间的相互作用关系。其中的系统基模分析技术的最大功用是统合跨越了所有领域的知识，构造了在生物学、心理学、经济学、政治学、生态学等学科以及管理上一再重复发生的基模。本书运用其中最常发生的成长上限基模，对资金约束供应链系统的成长上限模型进行直观的刻画。

3. 定性分析与定量分析相结合的分析方法

采用定性分析与定量分析相结合的分析方法。定性研究主要集中于对金融理论方面的应用演绎，力求从理论上对供应链融资的基本融资模式进行全面系统的分析；定量分析则主要围绕着研究问题的定量模型的设计，如供应链系统技术水平的定量模型设计、银企博弈信号传递模型以及信用风险管理的定量决策模型的设计。

定性研究是定量研究的基础，而定量研究是对定性研究的更有力地补充说明。本书旨在通过对供应链所存在的资金约束问题进行分析，对基于供应链融资构架下的企业行为进行定性和定量研究，揭示供应链金融这种中小企业新型融资模式较传统融资所具有的优势，为改善我国中小企业的融资困境提供有效的途径。

（二）研究创新点

本书主要创新点如下：

运用系统理论中的木桶原理，通过对供应链系统技术水平的量化分析，指出资金约束的节点企业将成为供应链系统技术水平的“短板”；并运用供应链金融给出“短板”改造的系统融资构架，在该融资构架下，通过对节点企业的金融支持，能有效缓解整个供应链的资金约束状况。

运用博弈方法，针对供应链应收账款质押融资，提出一种基于债项综合评分的信号传递模型，并给出了均衡分离和混同分离的解区间以及银企间的决策分析；针对供应链存货质押融资中的委托—代理问题，引入声誉效应，建立两阶段存货质押监管模型，给出基于声誉效应的薪酬激励机制的设计，有利于降低供应链存货质押融资中的道德风险。

对于多主体受信的信用风险问题，针对经销商还款风险，运用数据挖掘技术，通过属性相关分析挖掘出一组具有高度还款风险经销商的特征属性，并提出相应的风险控制策略。

第二章

资金约束供应链的概念、模型及其理论分析

在供应链上流动着三种基本的流，即物流、资金流和信息流，供应链管理实质上是通过对这三种流的不断优化，从而加强企业的竞争优势。供应链的风险则主要是指这三种流的载体在供应链流动过程中供应和需求的不匹配。因此，陈祥锋（2008）认为，在供应链管理中存在两类重要风险：一是物流中需求和供应的不匹配风险；二是资金流中需求和供应的不匹配风险。而在供应链管理中，却常常忽视了资金约束供应链的管理。资金约束供应链概念的提出，充分考虑了供应链资金流中需求和供应的不匹配风险。

本章从系统思想的角度出发，将供应链看作一个基本输入/输出系统，分析其系统特性、系统组成，在此基础上，给出资金约束供应链的系统定义及系统模型，并进行相关理论分析。

一、供应链系统

（一）供应链的系统特性

系统学认为，客观世界都是系统。供应链是一个系统，是由所有加盟的节点企业组成，其中一般有一个核心企业。通过供应链的职能分工与合作（生产、分销、零售等），以资金流、物流、信息流为媒介实现整个供应链的不断增值（张涛和孙林岩，2005）。供应链的系统特性主要表现在以下几个方面：

1. 目的性

任何一个系统都有目的或目标。系统就是为某一目标服务的，每个系统都有其要达到的目的和应完成的任务或功能。供应链系统也有着明确的目的，就是“以资金流、物流、信息流为媒介实现整个供应链的不断增值”。系统的目的决定着系统的基本作用和功能，并通过系统的功能达到和实现。系统又是可分解的，按不同的要求分解成不同的子系统，系统的功能则通过一系列子系统的功能来体现。

2. 系统要素

每个系统都由各种可以互相区别的具有不同属性的元素组成。在考虑一个系统时，必须联系到组成集合的各要素的状况。供应链系统要素除了加盟的各节点企业即参与实体外，还包括资金流、物流和信息流。

3. 相关性

系统的组成要素既相互依存又相互制约，子系统之间也是如此。供应链系统的相关性体现在供应链合作伙伴间的密切关系上，这种关系是基于共同利益的合作伙伴关系，供应链系统目的的实现，受益的不只是一家企业，而是一个企业群体。因此，各节点企业均具有局部利益服从整体利益的系统观念。

4. 结构的层次性

系统的层次性是指系统的每个元素本身又可看成一个系统。供应链系统的层次性体现在供应链各成员企业分别都是一个子系统，同时也是供应链系统的组成部分；供应链是一个系统，同时也是它所从属的更大系统的组成部分。从系统层次性的角度来理解，相对于传统的基于单个企业的管理模式而言，供应链管理是针对更大系统（企业群）的管理模式。

5. 整体性

供应链的系统特性也体现在其整体功能上，即组成供应链系统的各成员企业不是简单地结合在一起，而是有机地组成一个整体，每个成员企业要服从整体，追求整体最优，而不是每个成员企业最优。这一整体功能是组成供应链的任一成员企业都不具有的特定功能，供应链系统的整体功能集中表现在供应链的综合竞争能力上，这种综合竞争能力是任何一个单独的供应链成员企业都不具有的。

6. 环境适应性

任何一个系统都存在于一定的环境中，环境可以理解为一个系统的补集。系统总要受到环境的影响和制约，系统也要对环境的变化作出某种反应。要想发挥它应有的作用，达到应有的目标，系统自身一定要适应环境的要求。在经济全球化迅速发展的今天，企业面对的是一个迅速变化的买方市场，要求企业能对不断变化的市场作出快速反应，不断地开发出符合用户需求的、定制的个体化产品去占领市场以赢得竞争。新型供应链（有别于传统的局部供应链）以及供应链管理就是为了适应这一新的竞争环境而产生的。

（二）供应链的系统模型

一个实际的物理系统的模型从宏观上来看有输入、处理和输出三部分，表示系统外部输入物质、能量和信息经处理变换后产生另一种形态的物质进行输出。按照这一观点，供应链系统可以看作一个包含产品或服务从设计、制造、包装直到运送到消费者手中这一过程中的所有内容组成的相互连接的工作流程，在这一过程中，链上的企业将产品进行转换并提供给下一企业，作为下一企业的输入，图 2. 1 给出了转换过程。

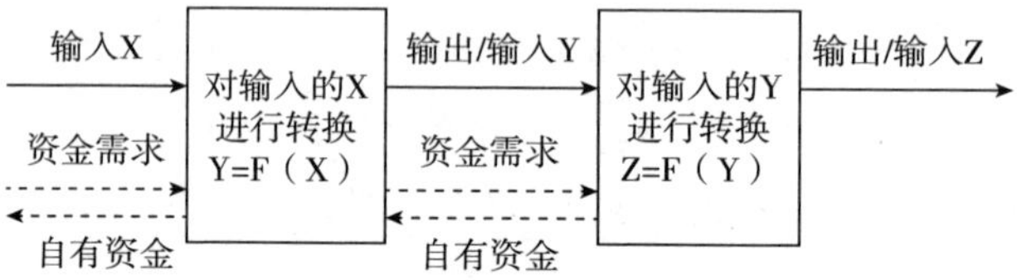

图 2. 1　供应链系统输入/输出模型

注：虚线表示资金的供求信息，实线表示物流或服务。

在这一转换过程中，资金起着关键的作用。一旦存在某个企业自有资金拥有量无法满足转换过程对资金的需求，则无法完成为下一企业提供输入的流程。可见，在供应链的管理过程中必须考虑资金供需不匹配的风险。

（三）供应链系统的成员要素组成

供应链系统要素指供应链上各参与实体，要素成员的多少由产品的特性、原材料获得的难易程度、销售的方式和服务的形式等多种因素决定，一般包括供应商、制造商、核心企业、经销商以及零售商，依照物流的方向自左向右又可称为供应链的上游企业、核心企业、下游企业。图 2. 2 给出了典型的供应链系统成员要素组成结构模型。

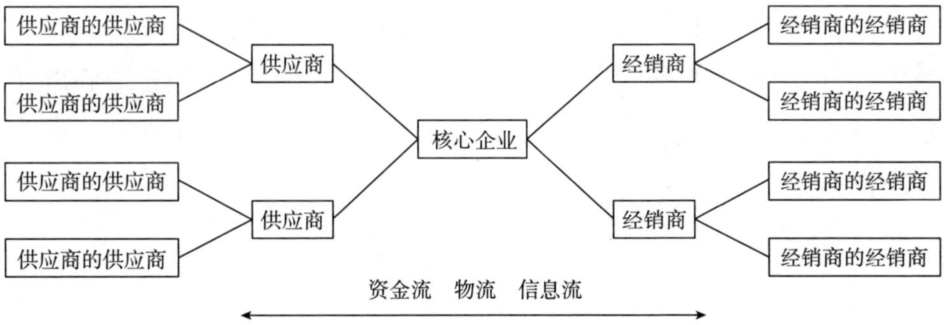

图 2. 2　供应链系统成员要素组成

资料来源：Joel D. Wisner，G. Keong 等 . 供应链管理［M］. 朱梓齐译 . 北京：机械工业出版社，2006.

我们依照物流的方向来定义供应链的方向，以确定供应商、制造商和经销商之间的顺序关系。那么从左至右依次为供应链的上游企业、下游企业。在供应链模型中，站到核心企业的角度，往上游看，也可以相应地定义第 1 级供应商、第 2 级供应商，而且还可递归地定义第 3 级供应商、第 4 级供应商……类似地，往下游看，可以定义第 1 级经销商、第 2 级经销商，而且还可递归地定义第 3 级经销商、第 4 级经销商……一般地讲，一个核心企业的供应商或经销商考虑到第 4 级的已经很少了，通常只需考虑到第 2 级即可。

一般地，一个大的系统往往比较复杂，常常可以按其复杂程度分解成一系列较小的系统，称为大系统的子系统，这些子系统有机地组成了大系统（中野明，2008）。例如，可以将供应链的节点企业按产—供—销不同的功能进行划分，分解成三个子系统：生产子系统、供应子系统以及销售子系统；也可将供应链这一复杂系统分解成一系列不同节点组成的子系统。各节点子系统之间通过物流、信息流、资金流相互影响，形成供需关系。各子系统之间的供需关系在图 2. 2 中用线段进行连接，其中各节点子系统物流的供应方向自左向右，而资金流的供应方向则相反，为自右向左。

二、资金约束供应链的概念及其定量分析

（一）资金约束供应链的概念

作为一个较新的研究领域，资金约束供应链概念尚无明确的定义，多数研究文献都只是限于自身的研究问题，对资金约束供应链的概念和价值进行简单的描述。例如，陈祥锋（2008）在研究资金约束供应链与融资、运营决策问题时，考虑供应链中的制造商（或零售商）的资金不足所带来的资金约束问题，认为资金

约束供应链主要是指供应链中的制造商（或零售商）的资金不足，资金约束将会导致产品供应的短缺以及市场价格的波动，对供应链的绩效造成较为严重的损害。应雯珺和仲文娜（2006）认为资金约束供应链是指供应链中的节点企业（尤其是中小企业）由于资金限制，不能完全按照需求来制订最优生产计划。陈祥锋（2008）在研究资金约束对供应链运营影响时，对资金约束供应链的定义是当供应链中有企业存在资金不足问题时，即称作资金约束供应链。刘士宁（2007）论述了我国的供应链除核心企业外，上、下游配套企业几乎都是中小企业，而供应链又是以核心企业为主导的，因此，资金约束供应链即为核心企业与中小企业之间资金实力的差距。在上述资金约束供应链的定义中，除刘士宁（2007）的定义考虑了资金约束是相对核心企业的需求外，其他有关资金约束供应链的定义，都没有明确指出资金约束的相对性。

众所周知，资金作为资源总是稀缺的，这与资本市场的流动性强弱无关，即使市场中资金再富裕，对一个具体企业而言，其拥有的资金与其所希望完成的事业之间总会存在着差距。因此，资金约束供应链的定义应区别于资金的资源稀缺性。供应链大都是以核心企业为主导的结构，核心企业在链中占据着支配地位，有着较强的话语权。上、下游配套企业主要是围绕核心企业生产的供应需求和产品的销售需求来运转的。具体来说，即上游的供应商主要是为满足核心企业生产所需原材料的采购需求；而下游的销售商则主要是为能完成核心企业生产产品的销售目标。在满足核心企业的需求过程中，各节点资金流量起着关键的作用。

供应链被作为一个整体来完成其目标，这就需要对链上的资金流进行协调管理，即尽可能使链上各节点的资金供应与需求保持平衡，但这只是一个理想的状态。因为，供应链的参与主体众多，且参与者在资金实力上参差不齐，除核心企业资金实力雄厚、融资较易，资金约束问题可以不加考虑，要想保证其余各节点资金的供需平衡，在实际中实现极其困难，也可以说是达不到的。这样，在供应链运作过程中必然会出现有些节点的资金供应和需求不匹配的状况，导致供应链出现资金缺口，即资金约束。

本书所强调的资金约束概念是指供应链具体运营过程中，基于核心企业的生产需求和销售需求向上游的供应商、供应商的供应商、下游的经销商、经销商的经销商进行的需求传递所引起的资金不足，是由于依托核心企业生产需求和销售需求所产生的上、下游交易关系所引起的节点企业资金不足。如果这些企业的资金不足不是由于供应链上、下游与核心企业交易关系所引起的，将不列入研究范围。并且资金约束企业一般都与核心企业有着真实的贸易背景和连续的交易关系，那些与核心企业没有稳定关系的企业，也不作为本书所关心的对象。

为便于理解和操作，下面我们将根据上述资金约束供应链的概念，从系统思想出发，将供应链看作是维持核心企业生产的供、销平衡的系统，给出资金约束供应链的定量描述。

（二）基于核心企业需求的资金约束供应链的定量分析

1. 约束与资金约束的定义

“约束”一词在现实生活中被广泛使用，但其含义却有多种解释，尤其是在针对不同对象的情况下。例如，如果约束的对象是行为，约束常解释为束缚和管制；而对资源对象而言，约束常被解释为不足、受限或瓶颈。资金约束则指资金不足或资金受限。

一般而言，资金作为资源总是受限的，这与市场的流动性无关，对企业而言更是如此。为区别于资金作为资源的这种稀缺性，本书将运用企业管理顾问 Goldratt 博士在《约束理论》一书中对约束概念的描述思想，从系统的目标需求来进行定义。Goldratt 在进行约束描述时强调，必须把企业看成是一个系统，从系统的整体效益出发来考虑和处理企业问题，并将约束看作妨碍企业系统目标实现的因素。其基本要点是：①企业是一个系统，其目标应当十分明确，那就是在当前和今后为企业获得更多的利润；②一切妨碍企业实现整体目标的因素都是约束。

约束有各种类型，不仅有物质型的，如市场、物料、能力、人力资源等，而且还有非物质型的，如后勤及质量保证体系、企业文化和管理体制、规章制度、员工行为规范和工作态度等，这也称为策略性约束。

任何一家企业在实现其整体目标的过程中，资金都是必不可少的资源。由此，我们可以根据之前对约束概念的描述，给出资金约束的定义：

假设企业为实现整体目标对资金的实际需求量为 MR，而系统自身资金的拥有量为 C。则资金若为系统的约束资源，当且仅当

$$C \leqslant MR \tag{2.1}$$

一般而言，一个大的系统往往比较复杂，常常可以按其复杂程度分解成一系列小的系统，这些小系统称为包含它的大系统的子系统。在进行系统分解的过程中，系统需求也可以沿着系统分解的方向进行。由此，可以给出一般系统资金约束的定义。

假设系统由 n 个子系统组成，各子系统现金拥有量分别为 C_1，C_2，…，C_n，系统外部对整个系统的资金总需求为 MR。由

于系统是由若干个子系统有机组成，系统目标的实现通过各子系统的分工协作来完成，因此，可将外部对系统资金的总需求 MR 沿各子系统进行分解，记为 MR_1，MR_2，…，MR_n（$MR = \sum MR_i$），表示各子系统为完成系统目标的资金需求量。

命题1：若系统中资金为约束量，当且仅当系统内至少存一个子系统 i，其资金拥有量 C_i 小于等于其实际需求 MR_i，即

$$C_i \leqslant MR_i \tag{2.2}$$

证明：略。

2. 资金约束供应链的定量分析

以下分两种情形讨论资金约束供应链的定量模型：

（1）只有单个供应商和经销商的系统。这种情形较为简单，只需将供应链按节点性质分解成产、供、销三个子系统：生产子系统由核心企业组成；供应子系统由单个供应商组成；销售子系统只有一个经销商。设供应子系统和销售子系统为满足核心企业的供应和销售需求对资金的需求量分别为 SMR 和 DMR，而供应子系统、销售子系统的自有资金为 SC 和 DC，由命题1可知：若供应链存在资金约束，当且仅当存在供应子系统或销售子系统其资金拥有量小于或等于资金需求量，即

$$SC \leqslant SMR \text{ 或 } DC \leqslant DMR \tag{2.3}$$

（2）包含多个供应商和经销商的系统。由于存在多个供应商和经销商，可将供应子系统和销售子系统进行逐级分解，直至分解为一系列单个供应商、销售商组成的子系统。SMR 和 DMR 的分解有些复杂，我们采用信息系统分析中数据流的分解方法，为便于表示供应商和销售商下标由两部分 ij 组成，i 表示相对核心企业所处的层级，j 则表示第 i 层的节点企业序号，层级划分按照核心企业为0级，直接供应商和销售商为一级，其余依次为二

级、三级……如 SMR_{ij} 表示为实现核心企业的市场需求，供应链的第 $i+1$ 层节点 j 的资金需求总量，同样，DMR_{ij} 表示为实现核心企业的销售目标第 $i+1$ 层节点 j 的资金需求总量，具体分解如下：

首先，将 SMR 沿一级供应商和经销商子系统方向分解为 SMR_{01}，SMR_{02}，…，SMR_{0j}（其中 $SMR = \sum SMR_{0j}$），同样分解 DMR 为 DMR_{01}，DMR_{02}，…，DMR_{0j}（$DMR = \sum DMR_{0j}$），ij 含义同说明，分解如图 2.3 所示。

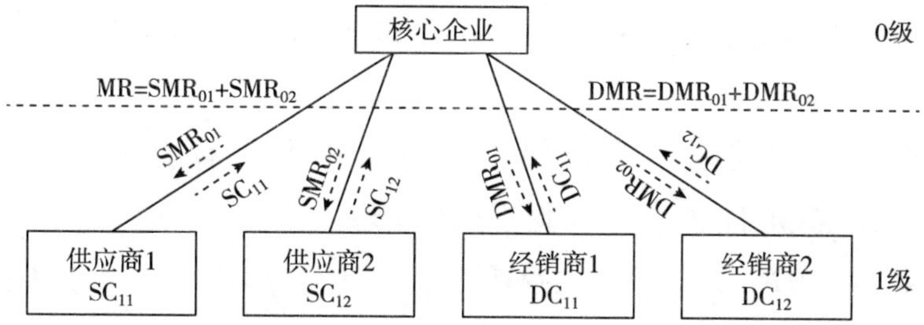

图 2.3 包含多个供应商和经销商的系统一级分解模型

注：带有箭头的虚线表示节点企业资金供应和需求信息。

对于一级供应商和销售商的需求继续向下一级供应商和销售商分解为，SMR_{11}、SMR_{12} 和 DMR_{11}、DMR_{12}，一般地分解为 SMR_{ij} 和 DMR_{ij}，其中，i 表示其上一级的层级号，j 表示当前层级的节点序号，如 SMR_{11}，表示实现目标时，一级所有供应商对二级供应商中序号为 1 的供应商的资金需求；SMR_{12} 一级所有供应商对二级供应商中序号为 2 的供应商的资金需求，同样可给出 DMR_{ij} 的解释。具体如图 2.4 所示。

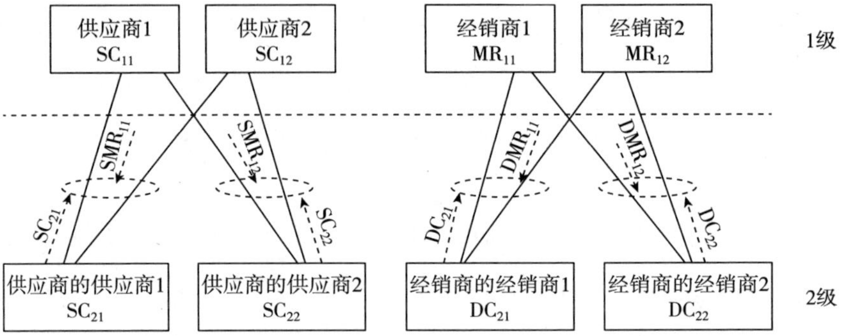

图 2.4　包含多个供应商和经销商的系统二级分解模型

注：带有箭头的虚线表示节点企业资金供应和需求的信息。

其次，假设每个供应商、经销商的自有资金为 SC_{ij} 和 DC_{ij}，由命题 1 可知：

资金约束供应链，当且仅当供应链中至少存在一个供应商或经销商其资金拥有量小于实际需求，即

$$SC_{ij} \leqslant SMR_{i-1j} \text{或} DC_{ij} \leqslant DMR_{i-1j} \quad (i, j \text{均大于等于} 1) \tag{2.4}$$

如图 2.4 所示，若资金约束供应链，则只要 $SC_{11} \leqslant SMR_{01}$ 或 $SC_{12} \leqslant SMR_{02}$ 或 $SC_{21} \leqslant SMR_{11}$ 或 $SC_{12} \leqslant SMR_{12}$；对于销售商或 $DC_{11} \leqslant DMR_{01}$ 或 $DC_{12} \leqslant DMR_{02}$ 或 $DC_{21} \leqslant DMR_{11}$ 或 $DC_{12} \leqslant DMR_{12}$ 其中的任何一项满足。

三、资金约束供应链的系统模型

在上述资金约束供应链的定量描述中，已经基本给出了资金

约束供应链的系统模型。

（一）单个供应商和经销商的资金约束供应链模型

按照资金约束对供应链系统的划分，将供应链按节点企业的性质划分为产、供、销三个子系统：核心企业、供应子系统以及销售子系统。并将核心企业的原材料供应需求 SMR 和销售需求 DMR 分解至供应子系统以及销售子系统，用空心箭头表示。子系统所标注的 SC 和 DC 分别为各自资金拥有量。如图 2.5 所示。

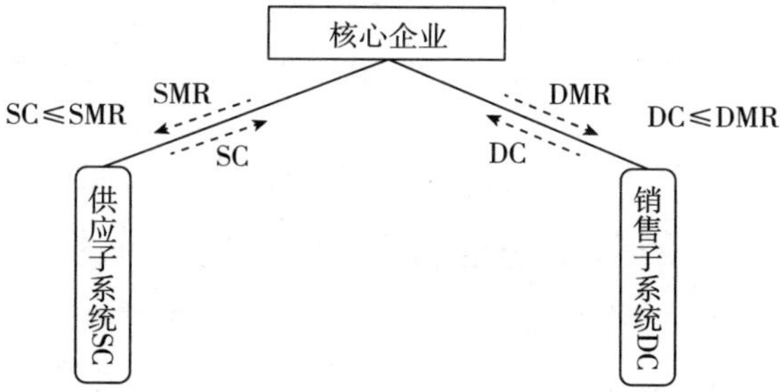

图 2.5　单个供应商和经销商的资金约束供应链模型

（二）存在多个供应商和经销商的资金约束供应链模型

将供应商子系统分解为一系列单个供应商组成的子系统；销售子系统分解为一系列单个的销售商子系统，同时将 SMR、DMR 沿子系统进行分解，可得资金约束供应链的系统模型，如图 2.6 所示。

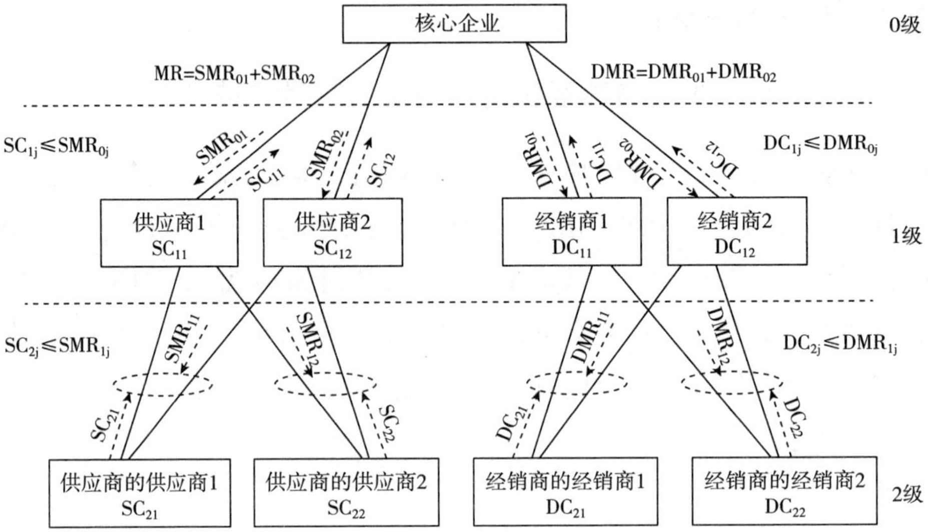

图 2.6　存在多个供应商和经销商的资金约束供应链模型

按照资金约束供应链的定量分析可知，资金约束供应链中的任何一个资金不足的节点企业都具有一个共同的特点：无法满足供应链核心企业的生产需求或销售需求。换言之，是由于依托核心企业生产需求和销售需求所产生的上、下游交易关系所引起的节点企业的资金不足。本书资金约束概念强调了其与资金作为资源的稀缺性的差别，契合了供应链金融的解决思路，有助于后续对供应链金融产品的运用。

四、资金约束供应链的理论解释

供应链除核心企业外，上、下游配套企业几乎全是中小企业，因而，有关中小企业融资难的理论在一定程度上都对资金约束供应链进行了阐述。

（一）信息不对称理论及其对资金约束供应链的解释

1. 信息不对称理论

阿克洛夫在 1970 年的论文首次分析了交易双方的信息不对称可能导致市场失灵后，信息经济学逐渐占据重要地位，研究主要以不对称信息为出发点。信息不对称是指在市场交易中，交易的一方对另一方缺乏信息，进而影响其做出正确决策，导致交易效率降低的现象。信息经济学通常把拥有信息的一方称为代理人，不拥有信息的一方称为委托人。信息不对称可以是信息内容的不对称，可以是指某些参与人有关行动方面的不对称，也可以是指某些参与人有关信息方面的不对称。根据信息经济学理论，信息不对称容易引发逆向选择风险和道德风险。逆向选择风险是指交易事前的信息不对称。阿克尔洛夫在分析二手车市场时认为，在二手车市场上有好车也有坏车，买主很难分辨出来。所以买主愿意支付的价格是二手车的平均价格。好车的卖主索要的价格高于市场的平均价，坏车的卖主很愿意以平均价出售，从而导致好车退出市场，只剩下坏车。道德风险是指交易事后的信息不对称，如在金融交易发生之后，借款人可能用贷款人的资金从事风险更高的业务，以使自身的利益最大化，如企业用信贷资金从事高风险的投资。

2. 信息不对称理论对资金约束供应链的解释

中小企业在向银行进行贷款的过程中，中小企业相对银行具有信息不对称性，易引发逆向选择风险和道德风险。

（1）逆向选择风险。银企之间信息不对称主要包括：借款者个人信息不对称以及企业经营管理方面的信息。中小企业要想从金融机构获得贷款就必须披露上述信息。然而我国多数中小企业，缺乏正规管理和控制，会计账簿、税收缴纳等经营记录不规范，因而银行对中小企业的私人信息无法了解。为了获得银行贷款，中小企业往往提供有利于获得贷款的信息，而隐瞒其不利于获得贷款的信息（黄滨和骆燕，2007）。信息不对称使银行难以准确判断中小企业的真实财务状况及经营情况，加大银行贷款风险。这样，金融机构只有采用增加利息或担保企业增加担保费用的方法，融资市场便面临逆向选择。具体为增加利息使风险较低的融资企业推出资本市场，如此更加大了市场风险，严重时甚至导致市场消亡。

（2）道德风险。中小企业相对银行具有信息不对称性，因而在贷款合同签订后，理性的中小企业会利用其信息优势采取利己行动，银行则需面对道德风险。银行的问题是如何设计激励合同，以诱使中小企业选择对银行有利的行动，如向银行报告真实的现金流量。对于资信度不高，信用观念淡薄，虚假信息泛滥成灾的中小企业，银行无法弄清其真实的财务状况；加之，我国金融市场不完善、市场立法及执法体系不健全，加大部分中小企业的投机行为，从而显著地加剧了银行贷款的整体风险。在此环境下，银行更倾向于保守地惜贷，因此，中小企业的道德风险，要么导致较高的货币成本，要么导致贷款申请失败，最终都造成中小企业融资困难。

（二）交易成本理论及其对资金约束供应链的解释

1. 交易成本理论

科斯在1937年提出了交易成本的概念，创立了有关交易成本理论。在之后的 30 多年里，这一学说一直被人们“引而不用”。直到 20 世纪 70 年代后期，一大批经济学家如威廉姆森、德姆塞茨、哈特等发展了这一理论（刘波，2005）。交易成本理论认为，经济活动总是伴随交易而进行，同时交易过程又是有成本的，它以交易费用为基本分析工具，研究经济组织和各种制度安排的生产和发展。由于威廉姆森的“交易”更具有广泛性，因此大多运用威廉姆森的交易成本理论来进行分析。威廉姆森从交易主体行为和交易特征两个方面研究交易成本因素。提出了与假设相区别的交易主体——契约人的概念。并对其行为做出如下假定：①有限理性，由于个人能力的限制和不完全信息导致了有限理性，也就是说人们在收集和加工处理大量相关市场信息时，其自身能力是受限的，只能识破有限的备选方案而且也只能意识到这些备选方案的现有结果；②机会主义，人的利己动机会引发机会主义行为。对有限理性的约束和对机会主义行为的预防都增加了交易成本。

决定交易成本的主要是交易特性，它有以下三个方面：①交易发生的频率，与交易成本线性相关，频率高的交易行为意味着反复地签约，因而导致较高的交易成本。②交易的不确定性，指由于市场环境的复杂多变，使交易双方的稳定性受到影响，进而增加履约的风险。交易的不确定性越大，交易的风险也就越大，交易的费用也就越高（田宇和朱道之，2001）。③资产专用性，当一项耐久性的投资被用于支持某些特定的交易时，所投入的资产即具有专用性。在这种场合，假如交易的资产已经投入而交易被终止，所投入的资产将全部或部分因无法改作他用而损失。资产的专业性越强，交易的费用就越高。

2. 交易成本对资金约束供应链的解释

中小企业融资其实质上也是一种市场交易活动，因此，也可以从交易成本的角度来分析资金约束供应链问题。

交易成本理论对供应链金融的解释是，企业为了保护特定交易的投资和适应环境的不确定性，通过一体化和准一体化的方式来降低交易成本。随着供应链的发展，供应链成员之间的关系趋向于长期合作，既不同于完全的市场关系，也不是一体化所形成的官僚结构，而是成员之间相互信任、彼此协调，以使整个供应链的绩效最大化（张钦和张亚红，2005）。

商业银行以供应链的发展为基础，为供应链节点上的中小企业提供融资服务，有效地降低了商业银行的交易成本，提高了交易效率。

（1）交易发生的频率。相对于大企业，上下游需要融资的配套企业往往贷款笔数较多，但每笔的数额却不大。在相同的贷款利率条件下，大额贷款产生的利润是小额贷款的若干倍。因此，在贷款额度相同的情况下，每一单位贷款的交易成本就存在很大差异，为小企业贷款的单位交易成本要比大企业的单位交易成本高很多。反复地、高成本地贷款签约导致银行更高的交易成本。

（2）交易的不确定性。供应链内的中小企业由于相互协作，慢慢建立了一种共生机制。链内的企业为了共同利益的最大化，企业间相互协调、快速反应，提高了供应链的整体竞争力。对于银行来说，与供应链企业建立长期、稳定的交易关系可以大大减弱交易的不确定性，慢慢建立一种双赢机制。同时，由于交易频繁，可信度信息增加，信息不对称减少，交易成本随之降低。而且这种交易关系的长期性可以降低交易中机会主义产生的可能性，从而减少交易成本。

（3）资产的专用性。供应链的存在可以使链内企业更加积极地进行某些专用性资产的投资。由于链内企业间的稳定性关系，降低了企业之间违约的可能性，因此这种专用性资产的投资比较容易实现。对于银行来说，融资给中小企业专用性的资产，既可以降低银行的现代风险，又可以提高融资的效率。

不可否认，21 世纪企业之间的竞争将主要体现在企业所在供应链与供应链之间的竞争。资金不足影响供应链系统性能，成为供应链系统技术水平的“短板”。因此，当供应链面临资金约束时，我们自然会关心这样一些问题：例如，资金约束供应链的产生来源因素以及这些因素对供应链系统的影响效应？供应链中资金约束的企业都是难以按传统方式进行融资的中小企业，如何设计属于中小企业的合理的融资模式，才能有效地解决资金约束供应链问题？另外，供应链最有效的融资模式是什么？不同融资模式下企业的最佳决策又是什么？本书的后续章节将针对这些问题展开论述。

五、本章小结

资金作为资源总是稀缺的，这与资本市场的流动性强弱无关，即使市场中资金再富裕，对一个具体企业而言，其拥有的资金与其所希望完成的事业之间总会存在差距。因此，本书的资金约束主要是针对核心企业需求所产生的资金不足。根据上述思想，本书主要针对以下几点进行讨论：

（1）分析供应链的系统特性，给出供应链的系统模型及其系统要素组成。

（2）给出基于以核心企业需求的资金约束供应链系统模型。将供应链系统按产—供—销功能进行划分，针对单一供应商和销售商以及存在多个供应商、销售商的资金约束供应链进行系统分解，并给出资金约束供应链的系统分解模型。

（3）对资金约束供应链进行理论解释。由于供应链除核心企业外，上、下游配套企业几乎全是中小企业，因此，有关中小企业融资难的理论在一定程度上都对资金约束供应链进行了解释，并以经济学中信息不对称理论及交易成本理论对资金约束供应链进行分析。

第三章

资金约束供应链的生成机理及影响效应分析

资金约束供应链，既有节点企业自身的原因，如中小企业规模、融资困难等，也有非直接原因，如资金周转延迟、金融危机等，再加上这些因素之间的相互作用所产生的叠加效应，更加剧了资金约束供应链管理的难度，导致供应链的资金不平衡，严重的甚至导致供应链资金链的断裂。因此，分析资金约束供应链的产生机理及其对供应链的影响程度，有助于找到相应的控制机制。为更加清楚地分析资金约束供应链的产生机理与影响效应，本章构建了资金约束分析模型，如图 3.1 所示。

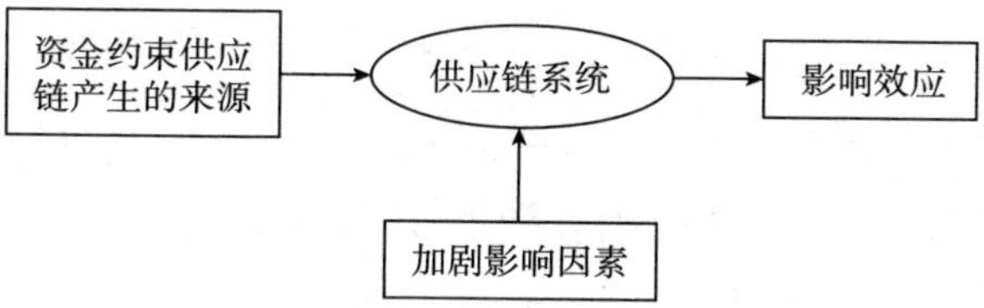

图 3.1　资金约束供应链产生机理分析模型

该模型考虑资金约束供应链的来源因素、加剧因素共同作用对供应链性能的影响。以下便根据图 3.1 所构造的分析模型，对影响因素以及影响效应进行全面、系统的分析。

一、资金约束供应链的生成机理分析

（一）资金约束供应链的产生来源分析

按照前述对资金约束供应链的定义，资金约束供应链产生的来源可以从主体来源和运营过程来源两个维度进行分析。

1. 主体来源分析

我国供应链的参与成员除核心企业外，上、下游配套企业几乎均为中小企业。因此，从资金约束供应链产生的主体来源来看，资金约束供应链产生的主体主要来自供应链中的中小企业。原因有以下两点：

（1）中小企业规模小，资金短缺。尽管不同国家和地区的经济发展水平不同，中小企业所处的经济发展环境有差异，但总体来说，中小企业都是指相对于大企业来说资产规模、人员规模与经营规模较小的经济单位。国外界定中小企业的标准一般采用定量和定性两种方法。定量指标常采用企业从业人数、资本额以及一定时期销售额来界定。美国小企业管理局一般把雇员人数不超过 500 人、销售收入不足 500 万美金的企业，称为小企业；日本《中小企业基本法》界定的中小企业为雇员人数 300 人以下或资本金 1 亿日元以下的工矿企业，雇员人数 100 人以下或资本金

3000 万日元以下的商业批发企业，以及雇员人数 50 人以下或资本金 1000 万日元以下的零售和服务企业等。定性标准主要根据企业的质量、地位标准，即根据企业在市场中的地位对企业进行分类，如要看企业是否独立所有（主持 50% 以上股权）、是否自主经营（本人控制自己的企业）、是否有较小的市场份额（非垄断地位、无法以资本市场融资等）。定性标准有助于从本质上判定企业的先天弱势地位。美国 1953 年颁布的《中小企业法》规定："凡是独立所有和经营，并且在某一事业领域不占支配地位的企业均为中小企业。"

我国自中华人民共和国成立以来曾对企业规模的划分标准进行了 6 次大的调整。2003 年国家经济贸易委员会、国家发展计划委员会、财政部和国家统计局联合颁发了《中小企业暂行规定》。对中小企业的定义以从业人员数、销售额和资产总额指标为划分依据。该规定中的中小企业标准上限即为大企业标准的下限。

可见，无论是按国外标准还是国内标准对中小企业的界定，中小企业的规模都相对较小、资金较为短缺。因此，在供应链的运作过程中，面对核心企业的生产供应以及销售目标需求，中小企业的资金供应往往无法满足实际需求，导致供应链出现资金约束。

（2）中小企业融资难。我国中小企业融资困难体现了中小企业快速发展与相对落后的金融制度之间的矛盾，具体表现如下：

1）中小企业作为国民经济的重要组成部分，在企业蓬勃发展的同时有着日益增强的资金需求，但是，中小企业的信用度较低，成了企业的融资障碍。由于中小企业间货款拖欠现象较为严重，加之逃废银行债务的现象仍然比较突出，造成了信贷恶性循环，导致我国中小企业难以从金融机构获得一年期以上的中长期贷款。

2）商业银行的信用评估体系不健全、融资形式单一。我国银行业的所有制特征与高度垄断性造成了金融服务效率低下，金融工具单一，信用监督和评估体系缺乏。垄断的直接后果就是金融产品的供给不足，造成需求和供给之间的差距。

3）直接融资的结构缺陷导致服务效率低下。金融业作为服务业，检验其效率的尺度是实体经济部门的结构优化程度。我国实体经济部门存在明显的结构失衡现象：一是横向结构失衡，表现为传统行业与高科技产业获得资金的失衡。在刺激内需的财政政策和货币政策的背景下，增量资金绝大部分流入了与基建相关的传统产业部门。二是纵向结构失衡，主要表现是国内储蓄不能有效地转化为国内投资，集中了全社会绝大部分货币资源的银行经常有过大的存差和巨额的外汇储备。三是资本市场体系的单一和行政管制，资本市场的布局和功能定位的不合理，没有很好地满足多层次的企业融资需求。

4）资本市场缺乏层次。为了控制金融风险，我国政府已将证券交易严格控制在证券交易所范围之内，其余的场外交易属于非法交易，以致形成了资本市场几乎只有交易所一个层次的独有景观。这一结构单一的资本市场所产生的不良后果已突出表现在：一是难以发挥资本市场机制；二是不利于降低资本市场的整体风险。

5）民间资本难以进入银行体系。我国现有银行体系仍然为国有银行所控制，民间资本进入的壁垒较高。即使有少量民间资本得以进入银行业，也因受到行政管制而无法真正按照市场准则运行。

一方面，面对核心企业强大的资金实力，供应链上、下游配套的中小企业在资金实力上显然先天不足；另一方面，融资难又使得中小企业在资金实力上遭遇后天的营养不良。融资难更加大了资金约束供应链的程度，使得中小企业无法有效满足市场需求，更谈不上按照市场需求来制订最优的生产经营计划。

2. 生产运营过程的来源分析

企业的生产经营一般可以分为原材料采购、生产以及销售三个阶段，因此，资金约束供应链生产运营来源也有三个方面，分别为原材料采购阶段、生产阶段以及销售阶段。由于生产经营活动是不间断的循环活动，使得资金的需求也具有同时性和重复性。从三个阶段所对应的资金占用情况来看，在设备和原材料采购阶段，资金需求主要来自订单的预付账款支付；在生产阶段，企业资金需求一方面来自原材料库存的维持，另一方面来自不断产生的产成品库存，即主要来自库存仓储；在销售阶段，资金占用主要是销售后产生的部分应收账款。因此，资金约束供应链来源也可从企业经营过程的资金占用来分，主要源于发生在支付预付账款期间、库存仓储期间以及发生应收账款期间。其各阶段资金需求具体说明如下：

（1）支付预付账款期间。主要发生在中小企业的预付账款期间。这一期间上游中间产品制造商往往需要向供应商预付账款，才能获得企业持续生产经营所需的原材料和半成品等；下游销售商为争取优惠价格或应对销售季节，也需要预付大笔资金批量购入商品。如此给上、下游配套中小企业采购带来巨大资金缺口。

（2）库存仓储期间。主要发生在中小企业支付现金与卖出存货期间。这一期间中小企业因为库存、销售波动等原因常常积压大量存货，而存货又消耗大量的现金，并且产生部分应付账款和现金，只能部分补充企业现金流，直到应收账款到期回收现金。

这都给企业造成资金周转困难。

（3）发生应收账款期间。主要发生在中小企业卖出存货与收到现金期间。作为上下游配套的中小企业即中间的生产厂商或分销商的负债，其应付账款越多，未来支付账款的现金越多，企业自身留存的现金则越少。这一期间付款企业往往存在一定的付款期限，加之核心企业常利用自己的强势核心地位延迟甚至拖欠付款，导致中小企业资金不足。

图 3.2 给出了生产运营周期内各阶段资金需求情况。

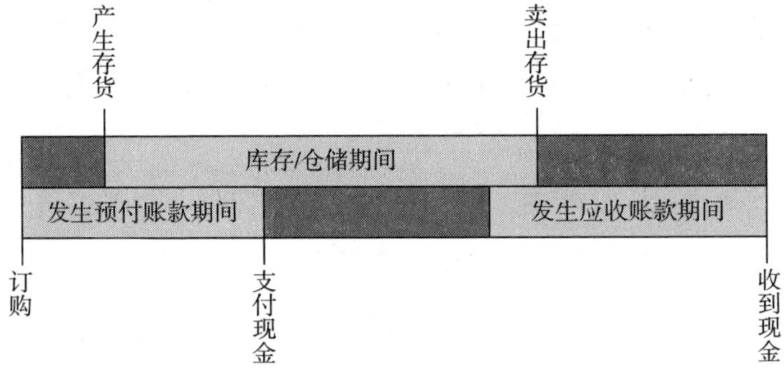

图 3.2　生产运营周期内各阶段资金需求

（二）加剧影响因素分析

对资金约束供应链的加剧影响因素主要从现金周转周期延长、供应链的不确定性两个方面进行讨论。

1. 现金周转周期延长

按照现金周转周期的公式：

现金周转周期 = 库存周转周期 + 应收账款周转周期 − 应付账款周转周期

因此，现金周转周期的延长有以下三个原因：①存货增加，原因主要是企业产品销售不畅，导致产品积压，库存增加，使得存货周转期延长。②收款延迟，因为客户的原因造成企业应收账款没有按照前期预定的期限回收，导致收款延迟，使得应收账款周转期相应延长。③付款提前，因为供应商或企业内部管理的原因，提前偿还了供应商的货款，导致企业应付账款周转期缩短。

处于资金弱势的中小企业，在供应链的合作中总是处于被动地位，因此，不得不面对核心企业对其在价格、付款/交货方式、账期等方面的苛刻要求，使得中小企业常常要面对供应商的付款时间缩短要求，即企业应付账款周转期缩短；要么面临客户对其的付款时间延长情形，即应收账款周转期相应延长；如果再有供货商发货延迟，链上的中小企业还将增加存货量，导致产品积压，又使得存货周转期延长。

付款提前、收款延迟以及存货增加从供应链运营过程资金占用角度来看，相应增加了采购、生产以及销售三个阶段的资金占用，因而加剧了供应链的资金约束状况。

2. 供应链的不确定性

供应链是一个由供应商、分销商到零售商组成的多主体的、异构的、复杂的系统。在这个系统中，众多的参与者构成一个复杂的价值增值网络，且参与者地理位置分散、管理技术、风格迥异。在这样一个复杂的系统中存在的关键问题就是不确定性（艾东，2005）。

举一简单的例子，由于原料硅的供应滞后，集成主板的生产商因为没有建立足够的库存，不得不向客户（电脑制造商）推迟供货。而电脑制造商又由于原材料缺货被迫停止生产线，而推迟提供给电脑代理商的供货。顾客这时在代理商处发现他们所要的电脑缺货，若此时有别的代理商乘机向他们推销同类的竞争商提供的产品，便会造成最终交易的取消。

当然，这是一个较为极端的例子。但这些不确定性因素，如每天发货的延迟、机器设备的故障、订货的取消都将导致供应链上的存货数量急剧增加。供应链不确定性的存在使得供应链上的节点企业不断增加存货来对抗不确定性。如果将这种行为纳入更加广泛的供应链行列中考虑，会看到单个的最优存货行为沿着产品的价值增值方向扩展，使得供应链的每个节点企业都保持较高的存货量，这样的结果是无论生产、采购或销售环节都不得不加大存货资金的占用，从而加剧了供应链的资金约束。

由于以上各项因素对供应链的共同作用，使得中小企业在供应链的运作过程中难以应对存货、预付账款以及应付账款期间的资金的占用。即供应链节点企业资金无法满足实际需求，导致资金约束供应链。由于供应链企业的生产经营活动不是独立进行的，同环境有着密切的联系，它同供应商、销售商一起构成一条生产供应链，生产企业仅是供应链的一环。资金约束供应链将无法保证供应链资金流的畅通无阻，一旦上游或下游供应链资金不足，停止运行，势必会影响生产企业资金流的运行，甚至导致供应链生产经营活动的中断，从而使供应链失去了竞争力。

此外，还有一些系统性因素如宏观经济周期、金融危机等也会加重供应链的资金约束问题。

二、资金约束对供应链的影响效应分析

由于以上各因素对供应链的共同作用，导致资金约束供应链问题成为供应链管理与决策中不可回避却又十分棘手的问题。资金约束在供应链各生产运营阶段的逐级传播会产生严重的影响，如整体运作效率降低、收益能力下降甚至导致供应链生产经营活动中断，使供应链失去竞争力。以下就资金约束供应链对供应链系统成长性的影响以及对供应链系统整体技术水平的影响，运用系统动力学建模技术和系统学基本原理进行系统的分析。

（一）基于系统动力学建模技术的影响效应分析

1. 系统动力学理论概述

系统动力学（System Dynamics，SD）是美国麻省理工学院（MIT）以 Forrester 教授为首的系统动力学小组在 20 世纪 50 年代创立和发展起来的一门学科。它的研究对象主要是复杂的、非线性的、具有多重反馈的连续系统，在发展的初期称为工业动力学。随后又出现了研究城市的发展、人口变迁以及环境污染的城市动力学与研究全球社会和经济问题的世界动力学。系统动力学模拟方法擅长描述和处理系统的存量和流量，主要适合研究以物流交互为主的动态系统在研究以物流交互为主的动态系统，许多学者在这方面做了大量的工作。例如，Forrester（1961）应用系统动力学模型研究了企业库存和订货之间的关系问题。Robert 等

学者应用系统动力学模型研究与分析供应链的动态行为。Towill构建了研究供应链动态行为的系统动力学模型。而对于以信息流、资金流交互为主的供应链并不是很适合，因此，系统动力学在有关资金流、信息流供应链中研究较少。本节运用系统动力学中的基模分析技术，分析由资金约束对系统所带来的成长限制。下面先对系统思考的基本元件和系统基模分析技术进行简单的描述。

(1) 系统思考的基本元件。早期的系统思考主要在模式构建之前用来进行问题分析与模式概念化的工作，使用的工具是因果关系反馈图。系统动力学认为系统内的一切事物普遍存在因果关系，并利用因果关系图来刻画系统各变量之间的相互作用关系。因果关系图以正、负反馈环以及时间滞延作为其三个基本元件。

1) 正反馈环。其效应类似于滚雪球，一旦正反馈开始，作用就会不断持续扩大，产生更多的同方向运动，过程不断增强。在正反馈环的作用下，成长行为被加速上扬，而衰退行为则加速下跌，这是一个增强环路。正反馈环在系统动力学中以“+”表示。

2) 负反馈环。总是朝着减少目标的方向操作，一直地进行自我修正，以维持某些指标。在负反馈环的作用下，成长行为被削弱，而衰退行为则减缓下跌，这是一个减弱环路。负反馈环在系统动力学中以“-”表示。

3) 时间滞延。指行为需要经过一段时间的滞后才能产生影响的现象。时间滞延在人类社会系统中可以说到处都是，是系统动力学中的重要概念之一。如果未被察觉或充分了解，常会造成改善行为的矫枉过正，引起系统的震荡。

如果说系统思考提供了一种语言，并用正反馈环、负反馈环和时间滞延作为该语言中的名词与动词的话，那么系统基模则可以看作运用系统思考提供的语言来表示的基本句子和被重复讲述的基本事件。少数几个系统基模可以涵盖大部分的管理问题。

（2）系统基模分析技术。最大功用是统合跨越了所有领域的知识，构造了在生物学、心理学、经济学、政治学、生态学等学科以及管理上一再重复发生的基模。构建系统基模的目的是重新调整我们的认知，使我们能看清楚系统的结构运作，找出结构中的杠杆点。彼得·圣吉在他的《第五项修炼》中对 9 个基模进行了分析，本书运用其中最常发生的成长上限基模，对资金约束供应链系统的成长上限模型进行直观的刻画。

系统动力学中的成长上限基模是一种由正反馈环导致的成长模型。成长系统在快速的成长过程中会加强增强环路，成长变得更快。然而系统成长过程总会碰到各种限制与瓶颈，这是由于系统的增强环路固然能产生快速的成长，却常在不知不觉中启动抑制成长的调节环路即负反馈环开始运作，从而使系统的成长减缓、停顿甚至下滑，这就叫作成长上限基模，成长上限基模在任何系统的许多子系统模型中都会发生。例如，农民以增加施肥来提高收获，但当农作物成长超过当地雨量所能滋养的上限时，则成长停止。再如，我们可能以较长的工作时数解决突来的限期压力，然而最后增加的压力与疲惫使我们的工作与质量下滑，反而抵消了所付出的时数。

任何成长上限模型中都包含了成长或改善的增强回路。系统运行一段时间后会碰上一个抑制成长的调节回路，导致改善的速度放缓或甚至终于停止下来。成长上限基模的基本结构如图 3.3 所示。

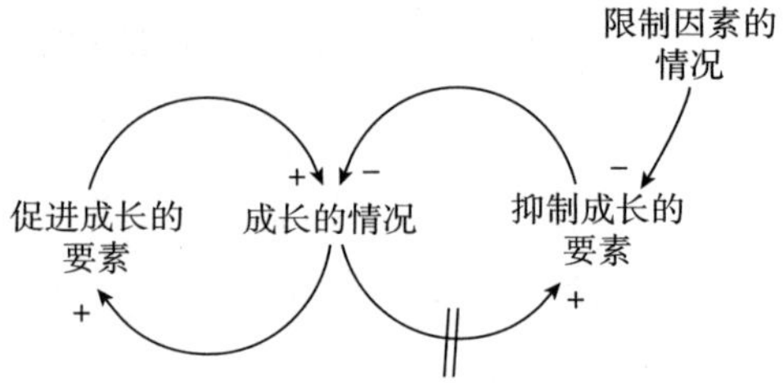

图 3.3　成长上限系统基模的基本结构

成长上限基模提供了图形化的说明语言，使我们能够清楚地描述、解释、说明复杂的问题，有助于找到问题的解决方法。系统基模的目的是为了重新调整我们对问题的认识，以使我们能够看清模型结构的运作，以及看清模型结构中的杠杆点，从而针对杠杆点寻找杠杆解。以下将用成长上限基模提供说明的语言，直观地描绘资金约束供应链的成长上限结构，并针对其结构中的杠杆点，寻找相应的杠杆解。

2. 资金约束供应链的成长上限基模

资金约束供应链成长上限基模结构中有一个正反馈环和三个负反馈环。正反馈环的因果关系表述如下：大宗业务有助于供应链竞争力的提升，同样，竞争力的提升又促使供应链获得更多的大宗业务。负反馈环构建基于上一小节中资金约束供应链来源的分析：主体和生产运营三个阶段。负反馈环的因果关系描述如下：供应链的交易量越大将直接导致供应链中应收账款、支付预付账款以及库存资金的占用越多，而这些企业又都是资金缺乏的中小企业，极易产生供应链资金不足的困境。此外，融资难、资金周转周期的延长、供应链的不确定性等加剧影响因素也使得供应链资金短缺的状况不断加重，加大供应链资金链断链的风险，在一定程度上抵消了大宗业务对供应链竞争力的提升。导致供应链中资金链断链风险被加大，供应链竞争力也因此被削弱甚至丧失。图 3.4 给出了资金约束供应链成长上限的基模结构：

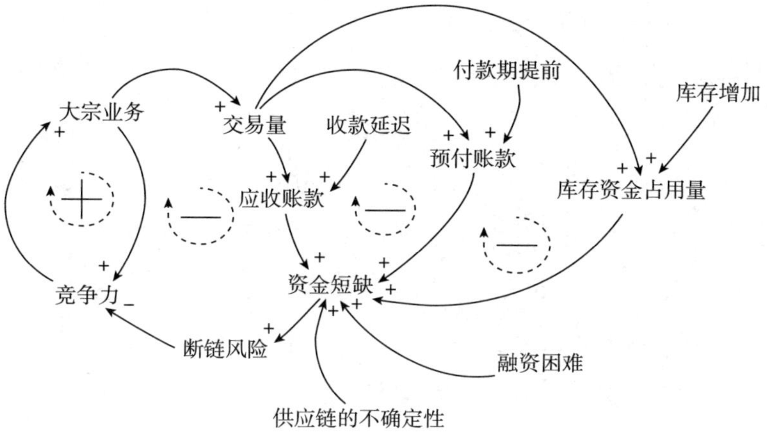

图 3.4　资金约束供应链成长上限基模

在资金约束供应链成长上限基模中，正反馈环促使供应链系统不断通过大宗业务提升系统的竞争力，从而使供应链获得成长。然而，在不断的成长过程中，随着交易量的放大，导致应收账款、预付账款以及库存资金占用不断增加，中小企业的资金短缺加剧直至产生断链风险。按成长上限的说明语言，即在不知不觉中触动了资金约束的三个负反馈环构成的调节回路，它的调节使供应链的成长出现减缓、停顿甚至下滑。

资金约束成长上限基模是供应链的发展过程中经常会遇到的一种基模结构。近年来，供应链在物流技术、信息流技术上日趋完善，有助于供应链的不断发展、壮大。然而随着供应链的快速发展，规模不断扩张、业务不断做大，又带来了另外的一个问题——资金约束，资金约束始终是我国产业链扩张过程中难以应对的问题，严重制约了我国产业链的发展。例如，重庆永业钢铁（集团）有限公司（简称永业钢铁）与上游的核心企业攀钢集团相比，在资金实力上存在较大差距。永业钢铁与攀钢集团的结算主要采用现款现货的方式，由于流动资金紧张，无法向上游厂家打入预付款，有好的订单也不敢贸然出手，在价格选择和行情把握方面都处于被动的地位。供应链中还有许多中小企业的经销商，他们像永业钢铁企业一样遇到资金不足的问题，如果买家再拖延付款账期，这些企业所面临的选择只能是削减进货或干脆推出供应链。对供应链而言，如果资金缺口无法得到满足，将导致供应链的低收益或无效率，严重的甚至产生断链的风险。再如，南京大学会计系教授陈志斌曾对中国普马作过专门研究。中国普马于1996年在中国注册成立，当时正值国内经济快速发展，居民消费需求不断增长的年代。因此，中国普马在成立后的8年内，在中国开设了近50家分店，迅速跻身为中国最大的零售商之一。如此大规模的扩张需要大量的资金来支持，中国普马的核心模式是以当地银行的贷款开新店，通过供货商赊销经营，通过各个分店之间的现金调配来平衡现金流，甚至调配分店的资金作为新店的资本金。这种高速增长的模式看似完美无缺，但是流动性不足，资金链紧绷像紧箍咒一样如影随形。2004年，当西南某银行收回一笔2亿元贷款时，中国普马各地的门店便像“多米诺骨牌”一样倒掉。

（二）基于木桶原理的影响效应分析

随着经济全球化、专业化的发展，企业的社会分工越来越细，孤立的企业竞争方式的竞争能力越来越弱，企业之间的竞争已经演变成供应链之间的竞争。因此，如何提高供应链竞争力，是当前供应链管理研究中值得深入探讨的课题。

国内在这方面的研究仍处于起步阶段。研究的内容主要是针对供应链中单个企业节点的管理，从供应链系统角度研究其系统特性以及如何提高系统性能的论文相对较少。在《供应链系统管理原理研究》[①] 一文中，作者提出了供应链管理的八大原理，在论述其中的系统原理时，阐述了供应链综合竞争力的影响因素，但没有从系统学的角度阐述相关的基础理论，对如何提升供应链系统性能也未能给出进一步的讨论。杨瑾和尤建新（2006）在《基于 SD 的集群供应链系统集成效应研究》一文中，将供应链看作一个集成系统，采用系统动力学分析方法列举了影响系统集成效应的主要因素，但未考虑系统多主体特点以及主体之间的差异性对系统性能的影响。本书将供应链看作由供应商、分销商到零售商组成的多主体的、异构的复杂系统，从系统角度分析资金约束供应链对供应链系统技术水平的影响。

1. 系统理论及其木桶原理

系统思想作为一门学科理论，公认是由美籍奥地利人、理论生物学家 Von Bertalanffy 创立的。系统学理论认为世界上任何事物都是系统，系统普遍存在。它的基本思想就是把所研究和处理的对象当作一个系统，分析系统的结构和功能，研究系统、要素、环境三者的相互关系和变动的规律性，并以系统观点看问题。系统理论的核心思想是系统的整体观念。Von Bertalanfly 强调，任何系统都是一个有机的整体，它不是各个部分的机械组合或简单相加，系统的各元素按一定的结构组成系统后，便产生了它们分别独立作用时所没有的新属性。每个要素在系统中都处于

① www. studa. net/guanliqita/060402/15012058. html.

一定的位置上，起着特定的作用。要素之间相互关联，构成了一个不可分割的整体。要素是整体中的要素，如果将要素从系统整体中割离出来，它将失去要素的作用。

系统理论的出现使人类的思维方式发生了深刻的变化。以往研究问题一般是把事物分解成若干部分，抽象出最简单的因素来，然后再以部分的性质去说明复杂事物，这是笛卡尔奠定理论基础的分析方法。这种方法的着眼点在局部或要素，遵循的是单项因果决定论，虽然这是几百年来在特定范围内行之有效且为人们所熟悉的思维方法。但是不能如实地说明事物的整体性，不能反映事物之间的联系和相互作用，它只适应认识较为简单的事物，而不能胜任对复杂问题的研究。在现代科学的整体化和高度综合化发展的趋势下，在人类面临许多规模巨大、关系复杂、参数众多的复杂问题面前就显得无能为力。系统学理论中的系统分析方法从系统的角度出发，为现代复杂问题提供了有效的思维方式。

系统理论中有一著名的木桶原理，即系统技术水平的高低不仅取决于构成系统的各个组成部分的技术水平的高低，而且取决于系统整体技术水平的高低（张维明，2002）。

用木桶装过水的人都知道，木桶的盛水量不取决于木桶的长板，而取决于木桶的短板。即在系统技术水平不均匀的情况下，系统技术水平的高低不是取决于系统要素的强项，而是取决于系统要素的弱项。这一点非常重要，它告诉我们在对供应链系统进行技术改造以提高系统性能时，靠增强系统中的强项来提高整个系统的性能是徒劳的，只有通过增强系统中的弱项，才能提高和改善供应链系统的整体性能。因此，在对供应链系统技术水平改造之前，先要找出技术水平最低的成员要素作为系统技术水平的

“短板”。

2. 供应链系统技术水平的“短板”分析

（1）供应链系统技术水平的影响变量。系统技术水平是一个比较庞杂的、笼统的概念，难以进行定量描述。由于系统技术水平决定系统目标，故可以将系统技术水平向系统目标函数方向量化，即用系统目标函数表征系统技术水平。假设供应链系统目标函数为 Fs，按照之前对供应链系统的定义，可将 Fs 看作是资金流、物流、信息流的函数：$Fs = Fs$（资金流、物流、信息流）。为便于表示，以下用 x、y、z 分别代表资金流、物流、信息流，由此 Fs 可记为：

$$Fs = Fs(x, y, z) \tag{3.1}$$

对于由多个成员要素组成的供应链系统，假设系统第 i 个成员要素（$i=1, 2, \cdots, n$）单独作用于系统时，其技术水平对系统目标函数值 Fs 的贡献为 $t_i(x, y, z)$，则 Fs 又可表示为：

$$Fs = \sum t_i(x,y,z) \tag{3.2}$$

（其中 $i=1, 2, \cdots, n$，n 为成员要素的个数），表示目标函数 Fs 是由各成员要素综合作用的结果。不同的成员要素技术水平不相同，因此，相应的 $t_i(x, y, z)$ 也不相同。技术水平越高，则 $t_i(x, y, z)$ 越大。按照木桶原理供应链的系统技术水平取决于系统的弱项，假如用最小值符号 min 表示系统弱项，则系统弱项与系统技术水平的关系用数学表达式表示为：

$$Fs = \min_i \{ t_i(x, y, z) \mid i=1, 2, \cdots, n \} \tag{3.3}$$

在供应链的运作过程中，资金流与物流、信息流在时空转换及功能效应方面具有不对称性。物流由于要受到时间、空间、物理状态以及运输环境等因素的制约，周转速度相对较慢；而信息流运作又需要借助更多的硬件、软件设施才能实现，技术提升也相对慢得多。而资金流却不受时空限制，能在瞬间迅速提升资本价值。因此，可以将物流、信息流作为两个受限量常量（为与其变量形态相区别，分别用 y_1，z_1 表示），如此一来，资金流则成为影响系统技术水平的显著变量（仍然记作 x），式（3.3）可改写为：

$$Fs = \min_i \{ t_i(x, y_1, z_1) \mid i = 1, 2, \cdots, n \} \tag{3.4}$$

这样，便可通过单独分析供应链中资金流 x 的变化找出决定系统目标的 $t_i(x, y_1, z_1)$ 项，而该项即为系统中的弱项，该弱项$\min\limits_i \{ t_i(x, y_1, z_1) \mid i = 1, 2, \cdots, n \}$ 所对应的成员即为系统技术水平的“短板”。

（2）供应链系统技术水平的“短板”。众所周知，资金约束是当前我国中小企业普遍面临的问题。我国近99%的企业为中小企业。因此，在供应链众多的节点企业中除核心企业外，上、下游配套企业几乎均为中小企业。这些企业在供应链的运作过程中，面临的最大威胁就是流动资本金的不足。以制造业供应链为例，资金弱势的中间产品制造商除预付采购资金外，面对上游企业的发货延迟，要预留出一部分库存资金，加之还必须应对下游企业一定时间的付款期限以及核心企业的延迟付款，这些节点企业极易产生资金供应与需求不平衡的风险，导致供应链出现资金约束。以兖州煤的销售链为例。“兖煤”作为国内煤炭的第一品牌，以其发热量高、含硫量、水分低而著称，是国内各大电厂的抢手燃料。兖州煤销售链的上游是资金实力强大的能源上市公司——兖煤，下游的经销商往往都是资金短缺的中小企业。一般兖煤通过煤炭经销商采购后发往电厂，相对于资金实力雄厚的核心企业，下游的煤炭经销商存在着巨大的资金缺口，最终成为兖煤完成季度销售目标的瓶颈。

如果资金不足的节点企业是处于供应链上游的配套企业，势必将减少对下游的供货量或不得已退出供应链，如此将降低核心企业的生产目标；而如果资金不足的企业是供应链下游的配套企业，这些企业将减少进货量或不得已而退出供应链，成为核心企业完成季度销售目标的瓶颈。无论何种情况，都将导致供应链系统目标的下降，严重的甚至产生断链的风险，从而失去竞争力。可见，在供应链的运作过程中，资金供应无法满足需求的企业妨碍了供应链系统目标的实现，成为供应链系统的薄弱环节——供应链系统技术水平的“短板”。

按照木桶原理，在对供应链系统进行技术水平改造以提高系统性能时，靠增强系统中的强项来提高整个系统的性能是徒劳的，只有通过增强系统中的弱项，才能提高和改善供应链系统的整体性能。因此，在资金约束的供应链中，供应链系统技术水平的改造必须从资金约束的节点开始。下一章我们将针对供应链系统资金约束问题，提供系统的融资设计方案。

三、本章小结

供应链中的资金约束问题是企业发展的最大障碍，是供应链管理和决策中不可回避却又十分棘手的问题。因此，本章对资金约束供应链产生的机理与后果进行了研究，以期为降低和消除这些影响找到有效的解决方案。

首先，构建了资金约束产生机理和影响效应研究的概念模型，基于此模型对资金约束供应链的产生来源从主体来源和生产运营来源两个维度进行了系统的分析，认为：

（1）资金约束供应链的主体来源是供应链中上、下游配套的中小企业。

（2）资金约束供应链的生产运营来源有三个方面：原材料采购阶段、生产阶段以及销售阶段。也可从企业经营过程所对应的资金占用来看，主要源于发生在支付预付账款期间、库存仓储期间以及发生应收账款。

（3）加剧资金约束供应链的影响因素主要分析了供应链现金周转周期延长以及供应链不确定性两方面。

由于以上因素的共同作用，对供应链的性能产生了极大的影响。

其次，从系统的成长性和系统技术水平两方面对资金约束供应链所产生的后果进行了探讨：

（1）在研究成长性影响时，运用系统动力学建模技术构建了资金约束供应链的成长上限基模。基模所提供的图形化的说明语言直观地刻画了资金约束供应链所带来的成长限制。

（2）运用系统原理中的木桶原理，通过对供应链系统技术水平的量化分析，指出资金约束的节点企业将成为供应链系统技术水平的“短板”，为供应链系统技术水平改造提供依据。

第四章

资金约束供应链的系统融资构架

之前对资金约束供应链的系统定义、产生来源的系统分析以及影响效应的分析，都只是问题研究的第一步，重要的是如何控制、消除资金约束供应链所带来的影响。对于资金约束问题最有效的解决方案便是从资本市场获得融资，摆脱资金约束，从而减少或从根本上消除资金约束供应链所产生的影响。由于供应链中资金短缺的企业都是传统意义上难以融资的中小企业，因此，如何设计适合中小企业的融资模式是解决资金约束供应链的关键。

本章主要从供应链系统角度出发，分析资金约束供应链下，各节点企业不同的运营阶段最有效的融资模式。并运用有效融资模式对资金约束的供应链进行系统融资构架，以有效解决资金约束供应链问题。

一、资金约束供应链的融资概述

站在供应链系统的角度，资金约束供应链的融资解决方案可分为两类：一是供应链系统内部融资；二是供应链系统外部融资。

（一）系统内部融资

资金约束供应链系统内部融资指资金供给的主体来自供应链系统内的各组织机构的融资方式。具体融资方式包括企业内源融资和供应链企业间融资。

1. 企业内源融资

资金不足的节点企业将自己的储蓄（折旧和留存盈余）转化为投资的过程称为企业内源融资。企业内源融资是企业利用各种形式加强自身积累、筹集内部资金的融资方式，主要有以下几种形式：

（1）留存盈余融资。企业从历年实现税后利润中提取或形成的留存于企业内部的积累，主要包括盈余公积、未分配利润。企业的税后利润并不全部分配给投资者，而应按规定的比例提取盈余公积。向投资者分配利润后，通常还有一部分未分配利润。除了公益金专门用于职工集体福利设施的支出，其他盈余公积金和未分配利润可投入到企业再生产过程中去。留存盈余是企业内部的资金来源，作为企业的一种内源融资方式，不需要做融资活动，也无融资费用的发生。因此，留存盈余融资往往成为企业内部融资方式中首选的一种融资方式。

（2）折旧融资。折旧费用代表着固定资产因长期使用而发生的损耗费用。折旧费用应该渐渐累积，用于更新固定资产，维持企业的生产经营。固定资产未更新前，公司可以自由支配这些费用。折旧融资按照不折旧计算方法又可分为折旧计算方法融资和缩短折旧年限融资。

尽管企业内源融资作为企业资金融通的一个渠道，有着融资费用低、效益高的优势，但却缺乏后劲。因为，内源融资通常意味着员工近期收入减少，虽然这可能增加其未来的收入，但未来存在许多风险，若企业少分配多积累，员工很可能受其他企业高薪的诱惑而跳槽，这样便使得企业自身积累的融资机制难以形成。此外，资金约束供应链系统中，资金不足的节点企业的盈利能力一般都相对较低，因而留存收益也相对较少。加之，供应链的生产运营过程是一个循环过程，形成的资金约束也是一个循环反复过程，因此，靠企业的内源融资是无法满足需求的。

2. 企业间融资

在发展中国家，资本市场不成熟，许多中小企业无法从资本市场获得相应的融资服务，这时商业信用便成为企业一种不错的资金融通方式。商业信用是指在商品交易中，交易双方通过延期付款或延期交货所形成的借贷关系，是企业间发生的一种信用关系。它产生于银行信用之前，是供应链企业间常用的资金融通方式。主要包括延付货款融资模式和预收货款融资模式。

（1）延付货款融资。这是卖方企业对买方企业提供的商业信用。如供应商提供融资的服务，即卖方融资。由于买方企业在收到货物后并不立即支付货物款项，也不出具借据，而是延迟一定时期后才付款，延付货款就成为买方企业短期资金的来源。延付货款融资是一种双向获益的行为，对于买方企业来说，延期付款等于是向卖方企业借用资金购进商品，在一定程度上缓解了自己的短期资金需求；而对于卖方企业来说则扩大了自己的商品销售。

延付货款融资是供应链内部企业间融资常用的融资模式。作为供应链上游的供应商，其对产品市场比银行有着更深的认识，同时对于资金不足的零售商即买方的信用情况甚至可能比银行了解更多，因此，供应商往往允许零售商延期支付部分已经送达产品的货款。例如，在汽车工业中，很多企业愿意为他们的顾客提供所购买的产品的长期信用，即可以通过延迟支付的方式支付贷款。

供应链中小企业在进行延付货款融资时，由于获得不同条件要承担不同的代价。因此企业在选择利用哪种信用方式上，要选择一种有利于企业利益的既能降低成本又能筹集足够资金的方式。如果能以低于放弃现金折扣的银行利息成本（实际上是一种机会成本）的利率借入资金，便应在现金折扣期限内用借入的资金支付货款，以享受现金折扣；反之，则应放弃现金折扣。

（2）预收货款融资。一般指中小企业按照合同或者协议约定，在交付货物前，向购货人预收部分或全部货物价款的信用形式。这既是延期交货的一种短期信用，也是企业筹集资金的方式。预收货款融资作为一种先收钱后交货的信用方式，在我国有其存在的客观基础。作为买方，对于一些供不应求的价值较高的商品，如房屋、汽车等，如果作为卖方的生产企业能够保证在一定时间内保质保量地向买方提供，并在价格上给予相当于存款利息的优惠，则买方就会愿意将存款取出来，作为商品的预付款项预付给企业。预收货款对于资金不足，或要进行扩大再生产而没有足够资金的企业来说，解决了资金紧缺的矛盾。

预收货款融资既为中小企业解决了资金不足的困难，又增加了购买力，并且几乎没有融资成本，对企业来说是十分有利的。但这种信用方式存在是有条件的，如要求进行预收货款筹资的中小企业必须具备一定条件，而且企业所提供的商品必须是市场的紧俏商品。因此，这种融资方式不是所有企业都可以采用的，不具备通用性。

在供应链的运作过程中，资金不足是企业发展的最大障碍。对于在市场中竞争的企业，资金无疑是重要的资源。采购货物依靠的是资金，回笼货款使用的仍然是资金，利润反映的形式也是资金。因此，在解决资金约束供应链问题时，应尽可能地节约供应链中各节点企业的资金，将作为资源的资金需求从供应链系统外部进行引入。

（二）系统外部融资

供应链系统外部融资是指供应链以外的机构所提供的融资服务。包括财政支持、上市融资、风险资本以及银行贷款等。财政支持、上市融资、风险资本这些融资方式虽然具有规模，但有一定的条件限制。例如，财政支持大部分都属于一次性补贴，对象主要是拥有高新技术的企业；而风险资本市场的主体则是风险企业尤其是新生、有增长潜质的中小高新技术企业，投资方式也主要都是一次性的；至于上市融资，普通企业还达不到上市要求，加之历时长，无法在短期内解决企业资金短缺问题。针对资金约束供应链进行融资的目的主要是保证其产、供、销各运营阶段的连续性，因此，其资金需求具有短期性、连续性的特点。故解决资金约束供应链短期的资金来源仍然主要是靠金融机构的贷款服务。

在几乎所有的国家，银行贷款在企业融资总额中所占的比重也都是最高的，即使在美国这个股权市场和债券市场最发达的国家，银行贷款也是债券、股票融资的两倍，因此，银行贷款仍然是企业筹资的一个重要来源。但供应链中需要融资的企业一般都无合适的固定资产进行抵押，难以按传统融资方式向银行进行融资。近年来，金融机构推出的金融创新业务——供应链金融，为供应链上资金弱势企业构筑了良好的外源融资平台。

二、供应链金融

供应链金融是金融机构针对供应链上、下游配套企业提供的一种全新的金融创新服务。该业务在相当程度上解决了供应链资金弱势企业在融资过程中无核心资产抵押、无第三方担保的困惑，不仅有利于解决配套企业融资难的问题，还促进了金融与实业的有效互动，使银行跳出单个企业的传统局限，站在供应链的全局和高度，为整个供应链提供综合的融资服务。

（一）供应链金融的概念及市场价值

1. 供应链金融的概念

供应链的核心企业因其竞争力较强、规模较大在供应链中往往占据着强势地位，常常在交货、价格、账期等贸易条件方面对上、下游配套中小企业提出苛刻要求，结果造成上、下游中小企业资金紧张、周转困难，使整个供应链出现资金失衡。供应链金融的解决思路是：首先，由银行理顺需要融资的供应链成员企业的信息流、物流和资金流；其次，根据稳定、可监管的原则分析目标企业的应收、应付账款信息及现金流，并将其与银行的资金流信息进行整合；再次，通过重点考察融资企业的贸易背景和物流、资金流控制模式的办法，运用新的信贷分析及风险控制技术进行企业状况分析；最后，由银行向企业提供融资、结算服务等一体化的综合业务服务。

供应链金融基于企业的视角，国内外对其尚不存在通行的定义。国内的研究主要从银行的角度展开，称为供应链金融或供应链融资服务。杨绍辉（2005）以 J P Morgan、Tradecard 和荷兰银行等国际知名金融机构的服务内容为例，将供应链金融服务定义为“银行和第三方物流服务供应商在供应链运作的全过程向客户提供的结算和融资服务”。该定义只包含了供应链金融服务中的一部分内容，国内称为物流银行或物流金融。何涛和翟丽（2007）认为供应链金融，简单地说，就是金融机构、第三方物流和供应链上下游企业等充分发挥各自优势，相互协作，从整个产业链角度考察中小企业的融资需求，为供应链中处于弱势地位的中小企业提供融资服务。该定义主要是针对研究问题对供应链金融进行了简单描述，对其本质阐述不够具体。宋炳方（2008）对供应链金融给出了更为具体的定义：基于企业商品交易项下应收应付、预收预付和存货融资而衍生出来的组合融资，是以核心企业为切入点，通过对信息流、物流、资金流的有效控制或对有实力关联方的责任捆绑，针对核心企业上、下游合作的供应商、经销商提供的融资服务。宋炳方的定义强调了基于上下游交易背景的真实性，这正是供应链金融准入评级的关键因素。因此，本书主要是采用其对供应链金融的定义。

供应链金融改变了银行只针对单一企业主体进行信用评估，

并据此作出授信决策的融资模式，使银行从专注于对中小企业本身信用风险的评估转变为对整个供应链及其与核心大企业之间交易的信用风险评估。处于供应链上、下游的中小企业在该融资模式中，可以取得在其他方式下难以取得的银行融资。具体来说，如果供应链中的一家企业自身的实力和规模达不到传统的信贷准入标准，而其所在供应链的核心企业实力较强，这家企业与核心企业的贸易背景真实、稳定，这家企业就可以获得银行相应的信贷支持。实施供应链金融的关键在于，这些想要得到银行融资的中小企业必须和一家值得银行信赖的大企业发生业务往来，从而就获得了“某种资格认定”，使其达到银行认可的资信水平，即大企业利用其良好的信誉和实力及与银行稳固的信贷关系为中小企业提供了间接的信用担保，帮助中小企业获得银行贷款。我们可以通过图 4. 1 给出的传统融资模式与供应链金融融资模式的比较，进一步说明供应链金融的融资优势。

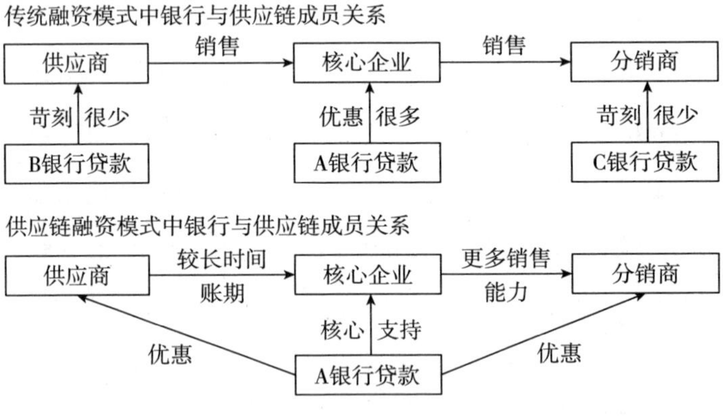

图 4. 1　供应链融资模式与传统融资模式的比较

资料来源：深圳发展银行—中欧国际工商学院“供应链金融”课题组．供应链金融——新经济下的新金融［M］．上海：上海远东出版社，2009.

图4.1说明，就金融机构而言，传统单个企业由于不符合银行的资信要求，因此以单个企业身份进行融资时，银行对企业条件要求苛刻，企业获得融资的机会很少。而供应链整体的信用要比产业链上单个企业的信用强，在供应链金融中，银行面对的不再是单一的企业，而是一个链条上的企业，原来分散的一对一的关系，也变成了一对多的关系，提供供应链金融服务的银行"独揽"了整个供应链的金融服务。中小企业也因为核心企业的支持，得到了在单一企业状态下无法得到的优惠政策，同样，供应链的参与者如核心企业、供应商、分销商以及银行也都分到了自己应得的"奶酪"，从而进一步提高供应链效率并增强其竞争力。

供应链金融与传统融资模式的主要差别表现在：首先，对供应链成员的信贷准入评估不同。传统融资是对单一主体的财务评估，而对于供应链金融，银行则先评估核心企业的财务实力和行业地位，以及它对整个供应链的管理效率。如果条件满足，银行将为成员提供融资安排。其次，对成员融资也有一定的准入条件，重点放在与核心企业既往的交易记录，且融资严格限定于其与核心企业之间有着真实的贸易背景。最后，对于还款来源强调自偿性，即通过封闭性操作，将企业销售还款直接用于偿还贷款。

2. 供应链金融的市场价值

供应链金融的市场价值可以从两个方面进行讨论：一是对供应链各节点企业的价值；二是对银行的价值。

（1）供应链金融对供应链各节点企业的价值。

1）供应链金融有利于提升核心企业的市场竞争力。企业之间的竞争从表面上看是产品及综合实力的竞争，但实质上是供应链之间的竞争。因为，一般而言，供应商决定核心企业的原材料供应，经销商决定核心企业的产品销售。原材料供应的及时、顺畅决定了核心企业能比竞争对手以更高的效率来组织生产；产品销售的顺利进行则使核心企业能够以更快的速度收回资金，投入生产循环。因此，核心企业的市场反应能力在很大程度上取决于供应商的供应能力和经销商的销售能力。供应链中的供应商和经销商大多是资金弱势的中小企业，资金实力无法与核心企业进行匹配。因此，银行对配套企业提供的资金支持有助于解决供应链资金失衡的问题，保证了原料供应、产品生产和产品销售全部环节的顺利完成。通过供应链金融，核心企业壮大了以自己为核心的供应链网络的实力，最终就表现在自己的市场竞争能力得以大幅提升。

以汽车销售供应链为例，汽车厂商生产各种品牌的汽车，但这些汽车需要分布各地的经销商网络来销售。只有在这些汽车卖给了最终客户后才算完成销售。核心企业为完成自己的销售目标，总是希望经销商向其提供更多的采购资金，以采购更多的汽车商品。而相对于汽车制造商，经销商一般都是资金短缺的中小企业，这样就导致，一方面汽车厂商想扩大销售而又不愿意给经销商提供更多的信用，难以使经销商能以较少的资金提取较多的汽车；另一方面经销商想采购更多的货物以支持更大规模的销售而自身又缺乏充足的资金。供应链金融可以解决这一难题，具体做法是：银行向经销商提供融资用于汽车采购，并要求汽车厂商对经销商销售不出去的汽车进行回购，以回购款支付经销商所欠银行贷款。这样，经销商获得了足够的采购资金，而汽车厂商又不需要借助更多的信用就实现了更多的汽车销售，银行则获得了融资业务项下的各种收入。可见，供应链金融使供应链中的汽车生产商实现了更大规模的销售以及市场品牌的扩大和竞争力的提升。

2）供应链金融有利于解决配套企业的融资难题。供应链上、下游配套企业几乎全是资金不足的中小企业，中小企业融资难是个世界性难题，在我国尤为突出。由于中小企业的资产结构中，大部分资产都集中在流动资金、库存、原材料等动产方面，固定资产仅占很少一部分，根本不能满足传统融资模式的要求。而供应链融资则从根本上解决了供应链配套在融资过程中无核心资产抵押、无第三方担保的困惑。在供应链金融业务中，银行更关注企业的交易风险，换言之，某个企业可能达不到银行的融资标准，但若银行从核心企业入手研判整个供应链，判定这个企业所处供应链当前运作的这笔业务好，银行就可以淡化企业本身。针对这笔业务，对链上任何一个节点企业，都可以利用企业自身的上下游交易关系所产生的存货、应收款、预付款三个路径选择自己合适的金融产品进行融资，而这三个路径正是上一章所讨论的资金约束供应链生产运营产生来源的三个方面。尽管供应链金融并不只对供应链中小企业开展，但它对缺少资产抵押、财务报表透明度低、企业规模小的中小企业更为契合。在供应链融资模式下，银行能发现配套企业的核心价值，即它们与核心企业具有稳固的产—供—销链。只要将这一链条牢牢控制住，银行的金融风险就不很大。银行只要业务风险能够控制，就会向企业提供融资。这样，配套企业的融资问题就得以解决。需要说明的是，供应链金融的融资对象只针对于那些与核心企业有稳固、连续贸易关系的中小企业。

供应链金融促进中小企业与核心企业建立起长期的战略协同关系，改变了企业单打独斗的市场格局，更大规模地拓展了市场，进而提升了以核心企业为主的整个产业的实力。

（2）供应链金融对银行的价值。从产业的发展态势上看，供应链产业格局的形成为银行服务于中小企业提供了可能。在供应链金融业务下，中小企业蕴涵着丰富的市场机会。随着深发展供应链金融产品的不断推出，国内其他银行业也都开始竞相模仿，如浦发银行、民生银行都相继推出各自的供应链融资产品。各大商业银行已经从战略高度，认识到发展供应链金融业务的重大意义。

1）供应链金融有助于提高银行业务综合贡献度。供应链金融以促进交易、实现销售为杠杆和主要着力点，依托不同的核心客户为主要牵动载体的产业链商务模式、结算方式及货物流转的具体特点，全线推进银行相关产品的交叉销售，实现对产业链上各参与主体的综合化联动营销，是实现交叉销售的最好载体。银行开展供应链金融业务，需要深入了解核心企业及其配套企业的产业特征、贸易特点，这有利于对客户需求进行深入挖掘，从而提高该客户对银行的价值贡献。实践证明，很多银行通过对核心企业的配套企业提供细致、周到的服务，与配套企业建立了密切关系，渐渐地，这些企业就离不开银行了。当银行牢固地抓住配套企业后，核心企业也就离不开银行了，因为配套企业的资金往来、账户开设都基于同一家银行。

2）供应链金融有效控制企业的信用风险。信用风险是商业银行所面临的最古老、最基本的风险。在我国商业银行发展历史上，有几次不良资产剥离的事件，造成数万亿元不良资产出现的重要原因就是银行没能控制借款人的信用风险。所以说，对商业银行来讲，如何对信用风险进行科学管理一直是一个挑战。供应链融资由于自身所具备的贸易真实性、交易连续性、过程封闭性和自偿性的特点，将有效改变现有的风险管理缺陷，全面提高客户的履约能力，从而降低银行的信用风险，因而受到各家银行的普遍重视。例如，深发展在开展供应链金融业务过程中，保持了较好的资产质量，以货押业务为例，这项业务开办5年来，不良率维持在0.5%以内。

3）供应链金融为商业银行带来了新的盈利模式。供应链金融作为突破中小企业授信障碍的一种全新综合化金融服务业务，具有优化银行客户结构、丰富产品体系、增加收入来源、有效控制风险培育基础客户群体的重要作用。尤其重要的是，供应链金融给商业银行带来了新的盈利模式。这可以从以下四个方面进行说明：第一，虽然供应链金融业务的笔数小，但频次高、周转快，而且单笔的手续费收益高；第二，供应链金融有较高的技术含量，较高的产品附加值，可获取一定的财务顾问费，从而使得银行收入来源结构多元化；第三，供应链金融需要第三方物流、保险等机构的参与，并为这些机构带来新的业务机会，自然也会参与特定中介机构的收益分成；第四，供应链金融最终都将增加核心企业的现金流的流入，这对于与核心企业合作的银行来讲，必然反映为低成本存款收益的增加。

3. 供应链金融的基本构成

在传统的融资模式中，一般地参与主体只有商业银行等信贷机构以及融资企业双方，有些也需要第三方担保人。而供应链金融融资模式的参与主体众多，参与方不仅有金融机构、需要融资的中小企业，还包括供应链上的核心企业，上、下游企业以及物流企业。各个参与主体充当着不同的角色、发挥着不同的作用，从而实现供应链金融的高效和多赢模式。

（1）金融机构是供应链金融的授信者。金融机构以供应链的核心企业为切入点，在有效控制金融风险的同时，最大限度地为供应链中的企业提供融资服务。供应链中的中小企业一般无可抵押的固定资产，所拥有的多为动产，对金融机构而言，动产则容易被贷款企业转移，这就增加了银行的信用风险。因此，商业银行对中小企业的融资服务需要多样化的金融创新产品。提供更为全面、严格的融资服务平台，包括融资、评估、监管、资产处理、支付和现金管理、代开商业票据、银行授信转贷等功能业务（林毅夫和李永军，2001）。值得注意的是，金融机构提供融资服务的业务模式和盈利模式，决定了供应链金融的融资成本和融资期限。

（2）中小企业是供应链金融的融资对象，也是金融机构的受信者。一般来说，当前适合中小企业选择的融资工具主要有普通贷款、贴息贷款、票据融资、委托贷款以及国际融资转贷款等方式。而由于中小企业自身的原因，上述可选择的融资工具往往也难以得到金融机构的支持，从而错失了许多发展机会。中小企业资金不足严重困扰其经营，并影响整个供应链的效益。因此，供应链金融的一个中心任务就是要解决供应链中小企业的融资问题。

（3）核心企业是供应链金融的间接参与者，由于供应链中的核心企业往往是竞争力较强、资金雄厚且信誉较好的大企业，因此，对于银行等金融机构来说，中小企业的资信本身价值不大，只有与一家值得银行信赖的大企业发生业务往来后中小企业资信才有较大的价值，这就类似“某种资格认定”。供应链核心企业的任务就是要帮助链上的中小企业提升信用能力，解决融资问题并及时而有效地控制整个供应链的风险。因此，供应链中核心企业的资信状况影响着其他企业施行供应链金融业务的成功与否。

（4）物流企业在供应链金融业务中协助金融机构进行风险的

评估和监管。物流是在物流渠道中由中间商提供的服务，中间商以合同的形式在一定期限内，提供企业所需的全部或部分物流服务。物流的优势和价值表现在成本价值、服务价值、风险规避价值和社会效益四个方面（郑绍庆，2006）。因此，物流企业提供了供应链金融的服务平台给中小企业，既可以为中小企业融资提供服务，又可以通过规模效应和大数定律为银行的信贷服务降低系统风险。

（5）上下游企业是供应链金融不可缺少的参与者。供应链金融是以融资企业所处的供应链为背景，综合考虑供应链的总体运营情况，而与融资企业关系最密切的就是上下游的供应商或经销商等，它们直接参与供应链金融的融资模式，如与商业银行签订反担保协议或回购协议，进一步降低银行所承担的风险，提高银行信贷的积极性。

（二）供应链金融的主要融资模式

供应链金融是一个笼统的称谓，包括很多具体的业务模式，每种模式又包含不同的产品。供应链金融在不同的行业表现的方式也不一样，有些行业提供贷款，有些行业则只提供票据。可以说，从不同的角度考察，可以看到不同的供应链金融模式。为便于营销和品牌的建设需要，不同银行在推出各自的供应链金融业务时，一般都会为其取个好听的名字，如光大银行称其为阳光供应链融资，深圳发展银行称其为“1 + N”模式。

尽管供应链金融融资模式繁多，但其中最为主要的就是结合中小企业运营管理周期的特点，以应收账款、库存仓储和预付账款为基础而衍生的融资模式。即基于应收账款的融资模式、基于存货的融资模式以及基于预付款的融资模式。利用这些融资模式，处在供应链中的任何一个节点企业都可以根据具体情况，利用自身的上下游交易关系所产生的应收账款、存货和预付账款三个路径选择合适的融资产品。

（1）基于应收账款的融资模式。在发生应收账款期间可采用此模式。应收账款是企业所拥有的一份债权，处在供应链节点上的中小企业可以将这份债权作为质押物向银行申请信用贷款，而处在下游的债务企业进行反担保，从而降低银行所承担的信用风险。

（2）基于存货的融资模式。在库存/仓储期间可采用此模式。由于企业在这期间有稳定的存货，因而可以利用存货向商业银行进行动产质押，从而获得信贷支持。其实，不仅局限于这个期间，处在任何节点上、任何生产期间的企业，只要有稳定的存货以及良好的上下游交易关系，都可以利用存货进行融资。本书引进融通仓业务作为中小企业存货融资服务模式。

（3）基于预付账款的融资模式。在发生预付账款期间可采用此模式。因为处于供应链下游的企业往往需要向上游供应商预付账款，才能获得企业持续生产经营所需的原材料和半成品等，以预购的货物为质押品，从银行获得分批付款分批提货的权利。本书以保兑仓业务作为具体的预付账款融资模式进行说明。

1. 应收账款的融资模式

基于供应链金融的应收账款融资模式，是指供应链上中小企业依据与核心企业有稳定产品供应的应收账款单据凭证作为质押担保物，向商业银行申请期限不超过应收账款账龄的短期贷款，由银行为处于供应链上的中小企业提供融资的方式。根据应收账款单据是否具有后续追索权，应收账款融资主要有以下两种方式：一是应收账款融资质押，就是用融资企业的应收账款作为贷款的质押物，从供应链核心企业那里获得付款后再到借款机构归还贷款；二是应收账款保理，就是应收账款打包卖给商业银行，财务公司和其他金融机构（Sopranzett，1998）。在应收账款保理业务中融资企业不负有后续追索权，这在国内企业应用门槛还较高，范围也较窄。本书主要研究应收账款质押融资模式。

在应收账款质押融资模式下，债权企业（中小企业）、债务企业（一般为核心大企业）和银行都要参与其中，且债务企业在整个运作中起着反担保的作用，一旦融资企业出现问题，债务企业也将承担弥补银行损失的责任。其具体操作流程如图 4.2 所示。

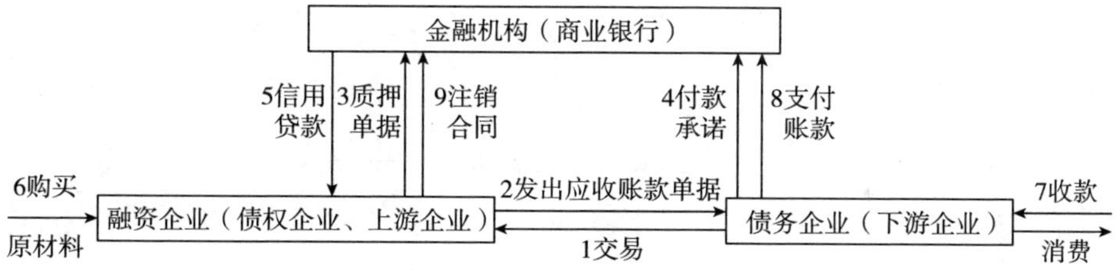

图 4.2　应收账款融资模式

图 4.2 中的各步骤具体说明如下：

（1）融资企业与下游企业进行货物交易。

（2）融资企业收到下游企业的应收账款单据，下游企业成为债务企业。

（3）融资企业将应收账款单据质押给商业银行。

（4）债务企业向银行出具应收账款单据证明，以及付款承诺书。

（5）银行贷款给融资企业。

(6) 融资后购买原材料和其他生产要素。

(7) 债务企业销售产品，收到货款。

(8) 债务企业将应付账款金额支付到融资企业在银行的账号。

(9) 应收账款质押合同注销。

一般来说，传统的银行信贷业务更关注融资企业的资产规模、全部资产负债情况和企业整体资信水平。而应收账款融资模式是以企业之间的贸易合同为基础，依据的是融资企业产品在市场上的被接受程度和产品盈利情况。此时银行更多关注的是下游企业的还款能力、交易风险以及整个供应链的运作状况，而并非只针对中小企业本身进行风险评估。在该模式中，作为债务企业的核心大企业，由于具有较好的资信实力，并且与银行之间存在长期稳定的信贷关系，因而在为中小企业融资的过程中起着反担保的作用，一旦中小企业无法偿还贷款，其也要承担相应的偿还责任，从而降低了银行的贷款风险。同时，在这种约束机制的作用下，供应链上的中小企业为了树立良好的信用形象，维系与大企业之间长期的贸易合作关系，就会选择按期偿还银行贷款，避免了逃废银行贷款现象的发生。基于供应链金融的应收账款的融资模式，帮助中小企业克服其资产规模和盈利水平难以达到银行贷款标准、财务状况和资信水平达不到银行授信级别的弊端，利用核心大企业的资信实力帮助中小企业获得银行融资，并在一定程度上降低了银行的贷款风险。

2. 融通仓业务

作为融通仓的主要业务仓单质押业务的理论始于 1997 年张平祥等对粮棉油贷款仓单质押的研究。但是，只是就其基本的可行性和操作性进行研究，对于质押物采用银行监管未能引入物流的思想。融通仓作为物流金融领域的重要组成部分最初由朱道立（2000）提出，并在2004年深入研究的基础上建立了融通仓理论框架，于2005年11月至2006年3月在《物流技术与应用》上发表其一系列研究成果，对融通仓的概念、发展，融通仓的系统结构，融通仓的运作模式等作了具体的阐述（陈祥锋等，2005、2006a、2006b）。所谓融通仓，是指由第三方物流企业提供的一种物流和金融集成式的创新服务，其物流服务可以代理银行对企业的流动资产进行监管，而其金融服务又可为企业提供融资及其他配套金融服务。融通仓的服务内容主要包括物流、流通加工、融资、评估、监管、资产处理等。融通仓的目的是用资金流盘活物流，同时利用物流拉动资金流，从而帮助中小企业解决融资问题，弥补供应链运营中的资金缺口。

基于融通仓的融资服务有两种模式：一是垂直授信的业务模式，即由商业银行根据第三方物流仓储企业的企业规模和运营能力，将一定的授信额度授予第三方物流企业，再由其根据客户的需求和条件对企业提供信贷融资的服务模式。第三方物流企业向商业银行按企业信用担保管理的有关规定和要求提供信用担保，并直接利用这些信贷额度向相关企业提供灵活的信贷融资业务。在该模式下由物流企业直接负责融资企业贷款的运营和风险管理，这样既可以优化银行的信贷业务流程，减少原有信贷融资中一些烦琐的工作环节，便于金融机构、融通仓和企业更加灵活地开展质押贷款业务，有利于中小企业更加便捷地获得融资；同时也可以转移银行的信贷风险，降低其经营成本。二是横向的业务模式，即由商业银行通过与物流仓储企业的业务合作，共同为中小企业提供存货融资服务，并由第三方物流仓储企业在融资服务中对企业物流进行监管的模式。

下面以第二类仓单质押融资为例，说明融通仓在存货质押融资中的具体操作：

（1）融资企业将存货放入融通仓。

（2）物流企业通过评估开具仓单。

（3）把存货仓单交给银行并提出贷款申请。

（4）银行、融资企业、物流企业签署协议，银行根据贷款申请和资产价值评估对企业提供贷款。

（5）追加保证金，释放仓单。

（6）通知放货。

银行在质押期间不定期对货物情况进行检查，物流企业负责向银行汇报货物情况。具体流程如图 4. 3 所示。

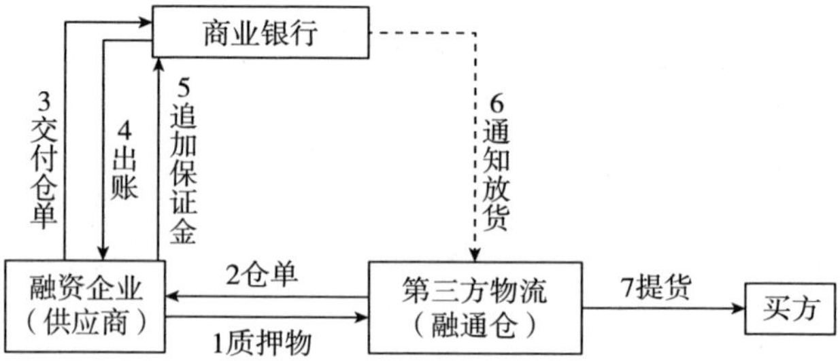

图 4. 3　融通仓融资模式

基于供应链金融的思想，中小企业采用融通仓业务融资时，银行重点考察的是融资企业是否有稳定的存货、是否具有长期合作的交易对象以及整个供应链的综合运作状况，并以此作为授信决策的重要依据。另外融通仓业务引进了第三方物流企业，一方面由其负责对质押物进行验收、价值评估与监管，并据此向银行开出证明文件，协助银行进行风险评估和控制，从而进一步降低银行的风险，提高银行信贷的积极性；另一方面第三方物流企业还可以直接对中小企业提供融资服务，从而转移了银行的信贷风险。融通仓模式以中小企业为主要服务对象，以流动商品仓储为基础，利用第三方物流企业作为联结中小企业与金融机构的综合性服务平台，开辟了中小企业融资的新渠道。借助融通仓的参与，针对中小企业的动产质押贷款业务的可操作性大大增强。融通仓借助其良好的仓储、配送和商贸条件，帮助企业以存放于融通仓的动产为质押获得贷款融资。此外，融通仓还帮助质押贷款主体双方更好地解决了质物价值评估、拍卖等难题。总之，通过融通仓服务中小企业可以将以前银行不太愿意接受的动产转变为其愿意接受的动产质押品，从而构架起了银行与企业之间资金融通的新桥梁。

3. 保兑仓模式

保兑仓业务可以认为是由仓单质押的研究而衍生出来融通仓的另一个基本业务（蒋益辉，2007）。本书单独引入保兑仓业务，主要是为区分原材料和产成品融资的不同阶段。保兑仓模式处于供应链下游的中小企业，为获得商业折扣常需要向上游核心大企业支付大笔的预付账款。对于短期资金流转困难的中小企业来说，则可以运用保兑仓业务来对某笔专门的预付账款进行融资，从而获得银行短期的信贷支持。保兑仓业务是指在作为产业链核心大企业的生产商承诺回购的前提下，由融资企业向银行申请以卖方在银行指定仓库的既定仓单为质押获得银行贷款额度，并以由银行控制其提货权为条件的融资服务。保兑仓业务除了需要处于供应链中上游的生产商、下游的经销商（融资企业）和银行的参与外，还需要物流企业（仓储监管方）的参与，其主要负责对质押品的评估和监管。具体操作流程如图 4. 4 所示。

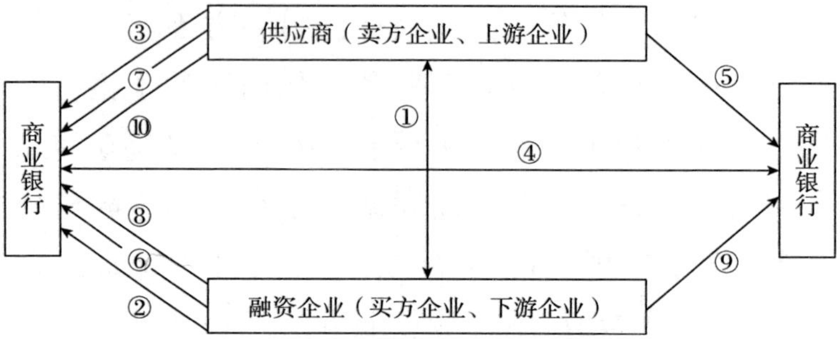

图 4.4　保兑仓融资业务流程

图 4.4 的具体操作说明如下：

（1）买卖双方签订购销合同，共同向经办行申请办理保兑仓业务。

（2）买方在银行获取既定仓单质押贷款额度，专门向该供应商购买货物。

（3）银行审查卖方资信状况和回购能力，若审查通过，签订回购及质量保证协议。

（4）银行与仓储监管方签订仓储监管协议。

（5）卖方在收到银行同意对买方融资的通知后，向指定仓库发货，并取得仓单。

（6）买方向银行缴纳承兑手续费和首次 30% 承兑保证金。

（7）卖方将仓单质押给银行后，银行开立以买方为出票人、以卖方为收款人的银行承兑汇票，并交予卖方。

（8）买方缴存保证金，银行释放相应比例的商品提货权给买方，直至保证金账户余额等于汇票金额。

（9）买方获得商品提货权，去仓库提取相应金额的货物。

（10）返回（8），若汇票到期，保证金账户余额不足，卖方于到期日回购仓单项下剩余质押物。

保兑仓业务实现了融资企业的杠杆采购和生产商的批量销售，中小企业通过保兑仓业务获得的是分批支付货款并分批提货的权利，其不必一次性支付全额货款，从而为供应链节点上的中小企业提供融资便利，有效地解决其全额购货的融资困境，缓解中小企业短期的资金压力。另外，从商业银行的角度，保兑仓模式以供应链上游核心大企业承诺回购为前提条件，由其为中小企业融资承担连带担保责任，并以银行指定仓库的既定仓单为质押，同时开出的银行承兑汇票由物流企业提供承兑担保，从而大大降低了银行对中小企业的信贷风险，同时也给银行带来了收益，实现了多赢的目的。

三、基于供应链金融的系统融资构架

基于供应链金融的系统融资构架是指将供应链金融的融资业务应用于供应链中，为供应链提供系统的融资解决方案。从资金约束供应链产生的主体来源和生产经营来源看，资金约束供应链主要产生于供应链中的中小企业生产经营的采购、生产以及销售三个阶段。因此，基于供应链金融的系统融资构架具体而言，就是运用供应链金融的融资创新产品为供应链中小企业生产经营的全过程设计合理的融资模式。本节就资金约束供应链产生来源的两个维度来讨论其具体的融资模式设计，并在企业信息平台基础上，给出系统融资平台的建设方案。

（一）主体融资构架

供应链的主体融资需求主要来自上下游配套中小企业，包括供应商的供应商、供应商（以下统称为供应商），以及经销商、经销商的经销商（以下统称为经销商）。

1. 供应商融资方案设计

供应商处于供应链上游。作为核心企业的原材料或零部件的供应厂商，供应商要针对核心企业的生产供应需求，采购相应的原材料或将采购的原材料加工成核心企业所需的零部件。在这一过程中，供应商采购原材料需要支付预付账款，面对核心企业的强大需求，所需支付的预付账款有可能超过企业的自有资金；期间，还要保留一部分资金应对原材料及不断产生的产成品库存（库存资金占用一般不少于 4 周）；到销售阶段，又产生大量的应收账款，账款在一般情况下，回款周期至少也在 45 天左右。这些资产的增加大大地降低了供应商的资产流动性，导致其产生流动资金缺口。如果能够将这部分资产周转起来，便能在很大程度上缓解供应商的资金压力。

运用供应链金融提供的融资业务，对于这些资金短缺又无法按传统方法进行融资的供应商，至少可以有两种融资模式作为资金短缺解决方案：一是将企业现有的库存存货作为质押物，向银行申请融通仓融资模式进行融资；二是凭借自己在下游企业（一般为核心企业）的应收款，通过应收账款融资模式进行融资。这样，供应商可同时获得两笔贷款，供应商资金不足问题可以得到很好的解决，供应链的资金约束问题也迎刃而解。对于上游的供应商，还可以在原材料采购过程中利用基于预付账款的保兑仓融资模式，进行原材料采购。具体融资方案设计如图 4. 5 所示。图中，针对供应商的供应商在环节 4 设计了基于应收账款的应收账款质押融资模式，而对于供应商则在环节 3 设计了基于存货的质押融资模式。

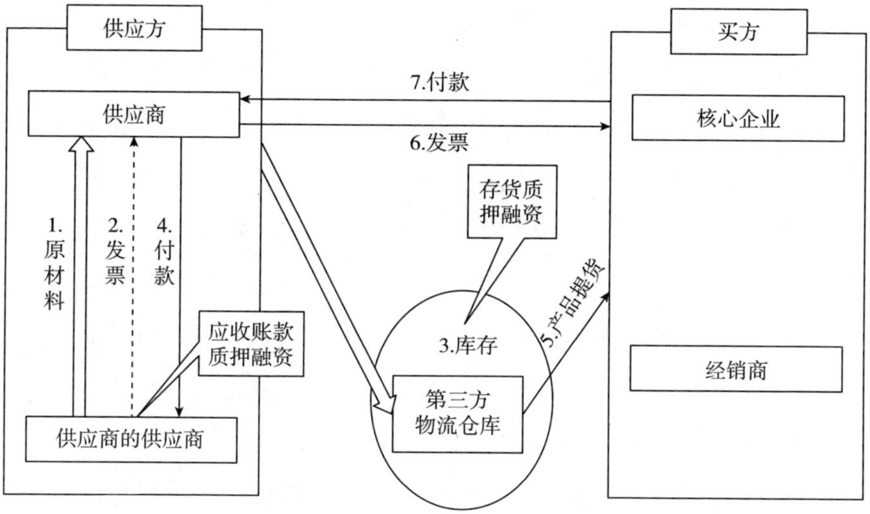

图 4.5　供应商融资方案设计

通过融资供应商改变了资金供应和现金流结构，达到重组其原材料采购模式和库存管理模式。例如，供应商可以运用部分原材料质押融资获得的资金，购买下一批原材料，同时减少平均库存数量，降低平均库存成本。

由于信用风险的客观存在，放贷之前金融机构将按照供应链金融的信贷准入评估原则进行如下操作：首先要评估核心企业的财务实力，确定核心企业的财务实力和行业地位满足条件；其次要保证融资企业与核心企业之间存在真实的贸易；最后还要考虑销售回款的可控性。如果以上条件满足，则银行就可以为供应商提供融资服务。通过对供应链提供融资服务，银行的资产和中间业务都带来了增值服务的空间，同时有利于银行对客户进行深入挖掘，深化客户关系，并提高客户对银行的价值贡献。

2. 经销商融资方案设计

经销商处于供应链的下游。一般而言，作为上游的核心企业为实现自己财务的经济性、季度销售指标，常常加快向经销商转移库存。为此，会对批量大的采购订单提供较好的优惠政策，如用较高的商业折扣等来吸引经销商，因此，经销商为获得优惠的商业折扣不得不支付超过自有资金的大笔的预付账款，而经销商销售周期的长短又决定了资金回收的快慢。因此，从产品采购到销售资金回流之间经销商往往存在着巨大的现金流缺口。

对于资金不足的经销商，运用供应链金融，至少也有两种解决方案：一是凭借自己对下游核心企业的应收账款，通过基于应收账款的融资模式进行融资；二是将未销售的存货通过基于存货的融通仓融资模式进行融资。这样，经销商也可同时获得两笔贷款，从而可以有效解决经销商的资金不足问题。通过融资供应商改变了资金供应和现金流结构，达到重组其原材料采购模式和库存管理模式。例如，运用部分产品融资获得的资金购买下一批产品，同时减少平均库存数量，降低平均库存成本。具体融资方案设计如图 4.6 所示，在环节 6 设计了基于应收账款的质押融资模式，环节 3 设计了基于存货的融资模式。

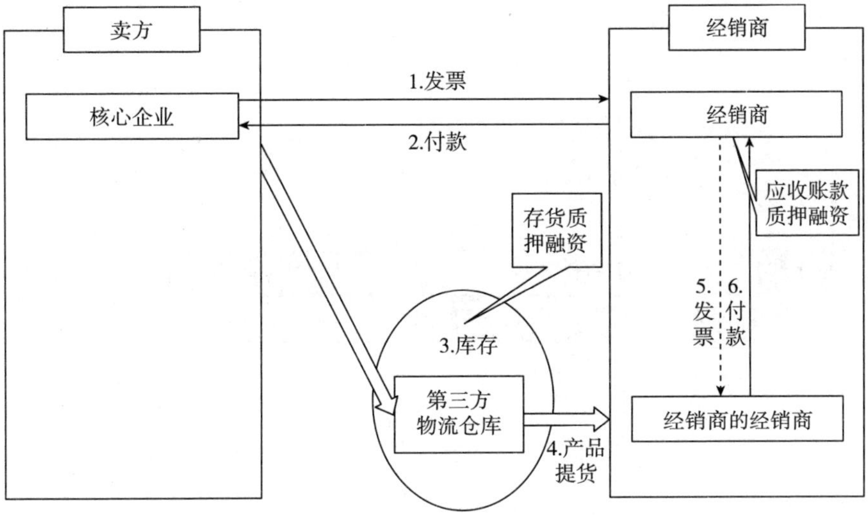

图 4.6　经销商系统融资方案设计

（二）生产运营融资构架

1. 生产运营资金缺口模型

在供应链运营过程中，中小企业现金流动需求较高，而中小企业资金实力与核心企业资金之间又存在着巨大差距。因此，资金约束供应链从企业经营过程看，主要发生在支付预付账款期间、库存仓储期间以及发生应收账款期间。面对核心企业强大的供应需求，中小企业所需原材料采购的预付账款就可能超过企业的自有资金，企业将产生少量的资金缺口；期间，还要应对原材料及不断产生的产成品库存，资金需求继续上升，资金缺口达到整个周期的峰值。随着销售阶段的到来，产生大批的应收账款和部分现金，补充企业现金流，直到应收账款到期回收，企业的资金需求开始回落。图 4.7 给出了企业整个生产运营阶段的资金缺口示意。

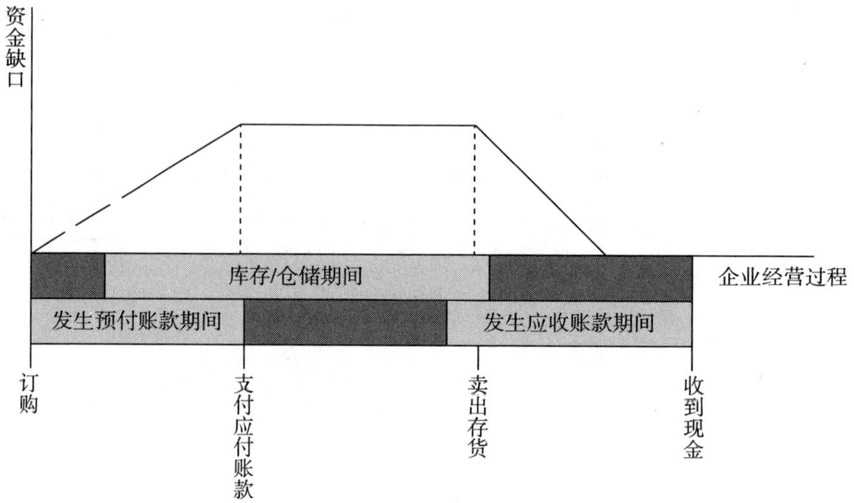

图 4.7 企业生产运营各阶段资金缺口

企业的生产经营活动是连续的，因此，循环的生产运营过程导致图中的资金缺口的重复叠加，最后将形成一条近似水平的资金缺口曲线。说明供应链运营阶段资金缺口一直存在，因此，能否获得金融支持，直接决定着供应链资金流能否畅通无阻、生产经营活动能否顺利进行。

2. 生产运营融资设计

供应链金融中最为主要的融资模式，就是结合中小企业运营管理周期特点的，以应收账款、库存仓储和预付账款为基础而衍生的融资模式。即基于应收账款的融资模式、基于存货的融通仓融资模式以及基于预付款的保兑仓融资模式。这些融资模式正好契合了供应链现金流缺口的存在区间，为生产运营融资构架提供了有效的解决方案。针对图 4.7 所示的供应链现金流缺口的不同存在区间，运用供应链金融融资模式进行系统融资构架如下：

（1）支付应收账款期间。发生在卖出存货与收到现金期间，此时的中小企业可采用基于应收账款管理的供应链金融融资模式，以解决现金缺口问题。应收账款是企业所拥有的一份债权，处在供应链节点上的中小企业，可以将这份债权作为质押物向银行申请信用贷款，而处在下游的债务企业可进行反担保，从而降低了银行所承担的信用风险。

（2）存货期间。发生在支付现金与卖出存货期间。此时的中小企业可采用基于存货管理的供应链金融融资模式。由于企业在此期间有稳定的存货，因而可以利用存货向银行等金融机构进行动产质押，从而获得信贷支持。其实，不仅局限于这个期间，处在任何节点上、任何生产期间的企业，只要有稳定的存货以及良好的上、下游交易关系，都可以采用存货融资。

（3）支付预付账款期间。发生在发生预付账款的生产期间时。此时的中小企业可采用基于预付账款管理的供应链金融融资模式，如保兑仓融资。在这期间，处于供应链下游的企业往往需要向上游供应商预付账款，才能获得企业持续生产经营所需的原材料和半成品等，因而可采用预付账款融资模式，以预购的货物为质押品，从银行获得分批付款分批提货的权利。

供应链生产运营的融资构架保证了企业资金在采购、生产以及销售三个阶段的循环中畅通无阻。在供应链金融融资模式下，处于供应链节点上的企业一旦获得银行的支持——资金这一“脐血”进入配套企业，也就等于进入供应链，从而能激活整条供应链的资金流的正常运转，使供应链的市场竞争力得以提升。

（三）系统融资信息平台建设

系统融资信息平台建设采用自下而上的建设流程：先建设各分行的融资平台，再考虑将各分行的融资平台集成上移至总行。

在建设各分行的融资平台之前，要解决供应链内部的数据流管理问题。考虑有实力的大型核心企业已在开展或即将开展集团财资管理系统（Treasury Management System，TMS）的应用，其对应的业务包括：管理企业所有银行账户的全部资金；并管理其内部账户、资金信贷、计划预算、商业票据等所有与资金相关的内容，包括企业供应链的交易资讯等。因此，银行可以充分利用这一科技信息平台，随时随地地掌握供应链上各相关企业的信息流、资金流和物流的流转情况。已有许多财资管理系统是采用托管方式建立在金融机构内部的专用技术平台上的，系统数据保存在金融机构内部，银行可以直接利用这部分数据；对于将财资管理系统设置在企业内部（一般是核心企业），如成立集团财务公司并由集团财务公司进行系统管理，可以利用互联网进行接入并采用金融机构的安全认证体系作为安全构架。图 4.8 给出了财资管理平台的接入方式。

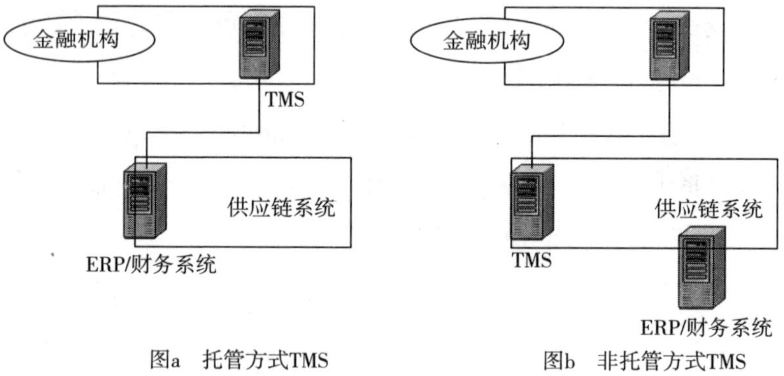

图 4.8 供应链信息系统接入方式

从图 4.8 中可以看出，核心企业将与上、下游配套企业的交易资料（包括物流、资金流资料）通过ERP或财务系统发送至TMS，传给金融机构（对于非托管TMS通过与金融机构的直连接口）进行融资。金融机构以收到的交易信息（包括订单、验收单、发票、应付款等）作为融资依据，为上下游企业提供融资服务。

对于未开展财资管理平台系统的小型供应链，可以利用企业ERP或财务系统通过互联网进行接入，采用金融机构的安全认证体系进行系统的安全防范。核心企业将与上、下游配套企业的交易资料（包括物流、资金流资料）通过ERP或财务系统再通过金融网，送至金融机构，金融机构将以此（包括订单、验收单、发票、应付款等）作为融资依据，为上下游企业提供融资服务。

通过运用供应链金融产品，对供应链的参与主体及其生产运营进行融资构架，形成了服务于供应链上、下游配套企业不同生产运营阶段的系统性融资解决方案，有效地解决了供应链系统资金约束问题。

四、资金约束供应链系统融资的集成效应

在资金约束供应链的系统融资解决方案下，供应链上的任何一个节点企业在生产运营的不同阶段都可以利用企业自身的上、下游交易关系所产生的应收账款、预付账款、库存仓储三个路径选择自己合适的金融产品进行融资。

再来看图3.4的供应链成长上限基模中的调节回路，其限制

因素主要来自应收账款、存货的资金占用及其周转周期的延长，而供应链金融正好契合了调节回路的资金需求。以应收账款资源融资为例，它主要改变了融资企业的资金供应和现金流结构，将企业持有的应收账款这一债务关系转化为企业与贷款机构之间的信贷关系，可以及时获得部分资金，同时相当于加速了资金周转。同样，存货质押融资以存货获得资金，减少库存成本，也同样加速了资金周转。由此可得到资金约束供应链系统融资的集成效应如图 4.9 所示。

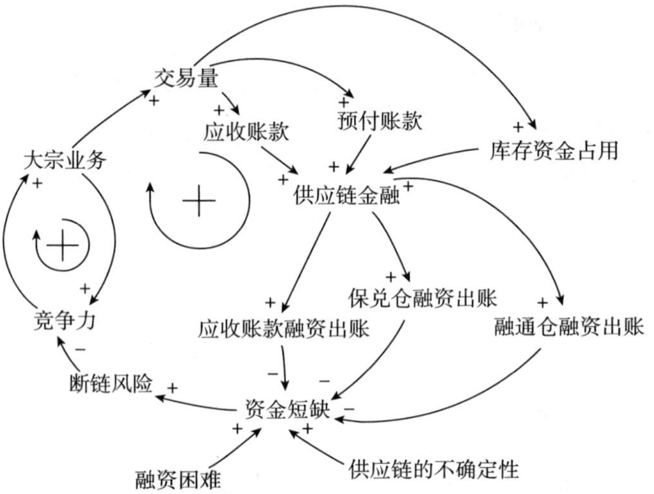

图 4.9　资金约束供应链系统融资的集成效应

比较图 3.4 的资金约束供应链成长上限基模，由于应收账款、预付账款以及库存仓储资金占用导致供应链出现资金缺口，限制了供应链的成长；而对于图 4.9 的对策基模，我们在三个调节回路中引进供应链金融作为杠杆解，这样供应链上资金短缺的中小企业都可以利用供应链金融提供的融资服务，将应收账款、预付账款以及库存仓储进行融资变现，从而将资金有效注入供应链中，融资难问题也不复存在。从图 4.9 可见，通过运用供应链金融，成长上限基模中的应收账款所产生的负反馈环转化为正反馈环，同样支付预付账款以及库存资金占用所对应的负反馈环也都转化成为正反馈环，系统成长性得到持久改善。在正反馈环的作用下，供应链的资金链断链风险被减弱或消除，供应链竞争力由此得到提升，这样又促使供应链获得更多的大宗业务。如此，资金约束供应链成长上限被打破，系统的成长将再度开始。

需要注意的是，多数系统在出现成长限制时，人们常常会以相同的方式向前推动正反馈环来加速系统的发展，然而往往越是向前推进，负反馈环的作用越是强烈，到最后以至于不得不放弃原有目标，使成长出现逆转而大幅下滑。图 3.4 的成长上限基模也是如此，对于由资金约束所导致的成长限制，在没有解决资金约束问题前，试图通过更多的大宗业务来增强系统的竞争力，促进系统成长，只会越发加大供应链的资金缺口，使供应链面临更大的断链的风险。

我国一些以强势企业为核心企业构造的产业供应链系统发展势头良好，但仍然无法应对由于供应链规模加大所带来的资金缺口。本书的研究为我国产业供应链普遍存在的资金约束问题提供了系统的解决方案，有助于我国产业供应链的发展并参与全球化竞争。

五、资金约束供应链系统融资案例分析

（一）冠鑫光电公司的供应链金融解决方案

1. 冠鑫光电公司的资金需求

冠鑫光电公司主要从事生产和销售液晶显示器成品以及相关部件，其上、下游企业均是强大的垄断企业。由于上、下游企业的强势地位，冠鑫光电公司不得不接受对自身十分不利的交易条件：当公司在向上游供应商采购原材料时，除下订单时支付部分定金外，签订供货合同后即需支付全额货款，上游企业必须在收到货款后再发货，导致公司在支付预付账款时就占用了较多的流动资金；而当公司向下游销售产品时，又往往需要放账，在销售产品后，货款回收周期较长，如此形成了相当数量的应收账款；同时，下游企业从自己财务经济的角度考虑，多采用零库存管理，原材料存货压力转给供应商，冠鑫光电公司必须维持一定数量的存货又将占去部分资金。随着公司成长和生产规模扩大，应收账款已占公司总资产的45%，公司生产运营面临着较大的资金缺口。

2. 融资困境

对于冠鑫光电公司这样的中小家电企业，要想按传统融资模式获得外部融资是非常困难的。

由于企业规模、财务信息披露不规范、信息不对称等原因，

目前还达不到上市要求，只能寻求商业银行贷款。商业银行传统贷款业务主要有信用授信、担保授信、抵押授信三种授信模式。

（1）信用授信是企业自身达到一定的信用水平后，银行无条件给予的授信。信用授信一般要求企业具有极大的规模、处于关键性行业、财务报表满足严格要求等，对于冠鑫光电公司这样的中小家电企业是无法满足这些条件的。

（2）担保授信要求实力更强、风险水平更低的第三方提供商业担保，冠鑫光电公司无法提供类似的机构担保，因此，也无法解决融资难题。

（3）抵押授信比较适合中小企业，但一般而言中小企业可抵押的资产较少，再按照一定的比例给予授信，到手的贷款无异于杯水车薪，这也不是理想的方案。

因此，传统的融资模式无法解决冠鑫光电公司资金不足的困境。

3. 基于应收账款质押融资解决方案

按照供应链金融的解决思路，对于冠鑫光电公司资金不足问题的解决方案至少可以选择存货质押融资和应收账款质押融资两种融资模式，即针对下游企业的应收账款在环节 6 选择应收账款进行质押融资，而对于库存货物可以选择融通仓融资模式获得金融支持。具体融资方案设计如图 4. 10 所示。

2004 年，中国建设银行江苏分行在了解到冠鑫光电公司的融资需求后，分析冠鑫光电公司所处的供应链情况：上游的预付款和下游企业的先货后款所带来的应收账款挤占了有限的流动资金。但冠鑫光电公司也有自己的优势，如订单充足。尽管其上、下游企业要求苛刻，但都是资金实力强大的垄断企业，且信用度高。因此，江苏省分行提出冠鑫光电公司将对资金实力雄厚的大

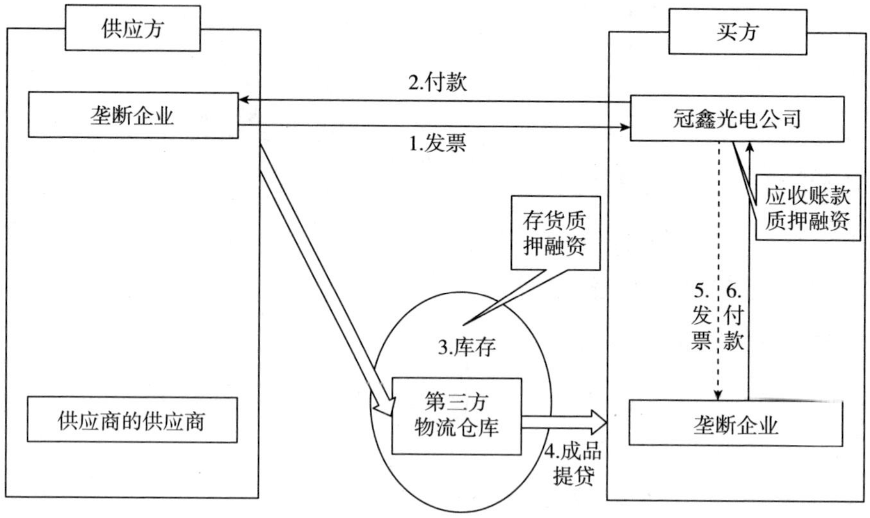

图 4.10　冠鑫光电公司的融资方案设计

企业的应收账款委托给分行，分行就可以根据这些应收账款的数额，给予公司一个融资额度，冠鑫光电公司可凭借此额度连续获得融资安排和应收账款管理服务，无须提供其他保证或抵押担保。由此，冠鑫光电公司相当于可以获得一笔长期贷款。

4. 案例评述

在本案例中，冠鑫光电公司在支付应收账款期间，即卖出存货与收到现金期间产生了大量的应收账款（已占公司总资产的45%），公司生产运营面临着较大的资金缺口。此时，银行为其设计了基于应收账款管理的供应链金融融资模式，以解决现金缺口问题，处在下游的债务企业进行反担保，从而降低了银行所承担的信用风险。

将中小企业置于供应链中考虑其融资问题，使各参与者，包括供应链各节点企业以及银行都分得了一份属于自己的“奶酪”，对核心企业、供应链以及提供融资的银行具有巨大价值。首先，通过银行的介入，加快了企业的资金周转，由于订单充足，企业销售稳步上升。同时，冠鑫光电公司间接地支持了上下游企业的信用，也就等于壮大了企业所在的供应链的实力，提升企业所在供应链的竞争力。其次，对于像冠鑫光电公司这样的中小企业，融资是一个世界性难题。冠鑫光电公司的供应链金融解决方案，对中小企业融资具有很强的借鉴意义。对于银行而言，不仅在融资服务中获得了收益，还有助于银行获得客户的认可，慢慢的这些企业将离不开银行。当银行牢牢地掌控住配套企业后，核心企业也就不得不长期选择这家银行了。

冠鑫光电公司融资案例具有一般性，对处在供应链不同的生产运营阶段的中小企业，都可以借鉴该案例寻求合适的融资解决方案，解决其资金不足问题。针对冠鑫光电公司成功的融资案例，对于银企双方本书可以给出如下几条管理对策：

首先，在实施供应链管理过程中，应严格按照供应链金融的信贷准入评估原则进行管理，即核心企业在不断提升自己实力的同时，还要考虑提升每个配套企业获取外部资源的能力，尤其是资金资源。然而配套企业获取资源的能力远远不及核心企业，除非让资源提供者看到配套企业具有与核心企业相同的资信或实力。因此，作为核心企业，要善于运用融资技术，承认配套企业是以自己为核心的供应链成员，为配套企业提供担保，以帮助配套企业获得融资服务，实现供应链资金流的畅通无阻，从而增强整个供应链的竞争力，达到共赢。而作为融资的配套企业，则应积极建立稳定的供应链交易关系，保持良好的信用记录，并注重信息系统的建设，有效保存上下游交易记录以及信用记录，以便于金融机构进行信贷评估。

其次，对于金融机构而言，在供应链金融业务项下蕴涵着丰富的市场机会，自己银行不介入，别的银行也要介入。外部环境的供应链格局已经形成，银行只有适应这个格局，才能发展，才能在市场竞争中占据地位。银行通过提供供应链金融服务，积极培育基础客户群，逐步优化公司业务的利润贡献结构；挖掘既有客户，实现多种产品的交叉销售。

（二）深圳财信德实业发展有限公司供应链融资解决方案

1. 深圳财信德实业发展有限公司的资金需求

深圳财信德实业发展有限公司（简称财信德）是一家从事国内商业批发、零售业务的贸易公司，成立于1998年，注册资本1000万元，是伊利牛奶股份公司（简称伊利公司）在深圳地区的总代理。相对于上游的伊利股份公司，财信德只能算是一家资产、规模都偏小的民营企业。作为核心企业的伊利公司，为实现其季度销售指标往往会依据自己的强势地位向下游的经销商转移库存，销售更多的货物；但出于对自己的财务经济考虑，一般又要收到货款后才会向经销商发货。面对资金实力强大的核心企业，财信德自身资金拥有量根本无法满足伊利公司的销售增长率目标，资金问题成为企业的发展瓶颈。

2. 融资困境

按照中小企业的划分标准，注册资本1000万元的企业只能算是一家中小企业，要想按传统融资模式获得外部融资是非常困难的。

由于企业规模、财务信息披露不规范、信息不对称等原因，还达不到上市要求，只能寻求商业银行贷款。商业银行传统贷款业务主要有信用授信、担保授信、抵押授信三种授信模式。

（1）信用授信是企业自身达到一定的信用水平后，银行无条件给予的授信。信用授信一般要求企业具有极大的规模、处于关键性行业、财务报表满足严格要求等，对于财信德这样的中小企业是无法满足这些条件的。

（2）担保授信要求实力更强、风险水平更低的第三方提供商业担保，财信德公司无法提供类似的机构担保，因此，也无法解决融资难题。

（3）抵押授信比较适合中小企业，经销商的典型特征是杠杆经营，自身资本投入少，因而基本无可抵押的资产，再按照一定的比例给予授信，到手的贷款无异于杯水车薪，根本无法解决资金困境。

因此，想运用传统的融资模式解决财信德公司的资金不足的困境是不可能的。

3. 基于存货质押的融通仓融资解决方案

此时，财信德向当地的民生银行提出以牛奶作为质押物申请融资服务。在了解了财信德资金的实际需求和经营情况，考虑到财信德上游供货商伊利公司的实力，民生银行经过研究决定与提供牛奶运输服务的物流企业合作，设计了以牛奶作为质押物的仓单质押业务（见图 4. 11）。物流企业对质押物提高监管服务，并根据银行的指令，对质押物进行提取、变卖等操作。银行给予财信德综合授信额度 3000 万元，以购买的牛奶做质押，并由生产商伊利公司承担回购责任。该业务自开展以来，财信德的销售额比原来增加了近 2 倍，有效地解决了供应链中小企业流动资金不足的问题，同时，银行的风险也得到有效控制。

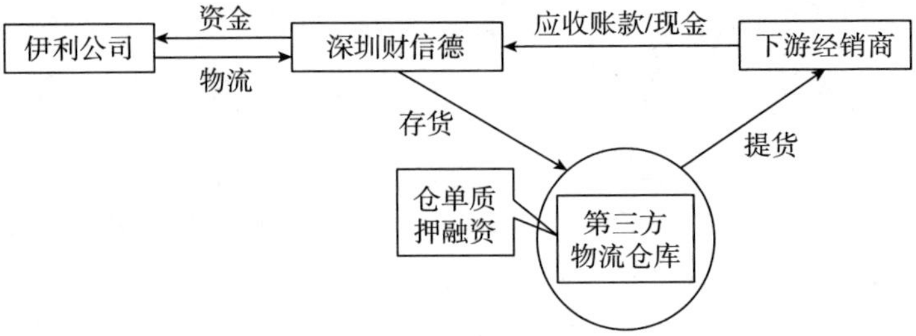

图 4.11 深圳财信德融资方案设计

六、本章小结

本章分析了供应链金融融资模式特点及优势，运用供应链金融给出了“短板”改造的系统融资构架，在该融资构架下，通过对节点企业的金融支持，能有效地缓解整个供应链的资金约束状况。主要包括以下几点：

（1）分析供应链金融中以应收账款、库存仓储和预付账款为基础而衍生的融资模式，即基于应收账款的融资模式、基于存货的融通仓融资模式以及基于预付款的保兑仓融资模式对供应链各参与主体的市场价值及其操作实施的可行性。

（2）运用供应链金融主要融资模式，从参与主体以及参与主体的生产运营两个维度进行系统融资构架，为供应链中小企业生产经营的全过程设计合理、有效的融资模式，并在企业信息技术平台基础上，给出系统融资平台的构架方案。

（3）对供应链成长上限基模，运用供应链金融作为杠杆解设计了相应的对策模型，对供应链系统融资的系统绩效给出直观的评价。

第五章

资金约束供应链系统融资构架下银企博弈分析

在上一章中，为控制和消除资金约束供应链所带来的影响，我们运用供应链金融对系统融资进行了构架，并初步分析了供应链金融的融资优势。为进一步研究供应链金融的融资优势，本章将金融机构的融资决策和金融风险理论与供应链管理理论相结合，运用博弈分析理论构筑一个供应链金融系统融资构架下的违约风险微观生成机制的研究框架。研究融资构架下，金融机构与融资企业之间的博弈以及金融机构与物流企业之间的委托—代理问题。并将以两种典型的供应链金融融资模式——应收账款质押融资以及存货质押融资为例，研究信号传递博弈模型在供应链应收账款质量评估中的作用，以及声誉效应在供应链存货质押融资中的激励作用。

一、博弈论的基本理论

（一）博弈论概念及其发展

博弈论（Game Theory）是研究决策主体的行为发生直接相互作用时的决策以及这种决策的均衡问题的理论。当一个主体的选择受到其他企业选择的影响，而且反过来会影响到其他选择时的决策问题和均衡问题，所以在这个意义上，博弈论又称为对策论（李守一，1998）。

一般认为，1944 年，冯・诺依曼和摩根斯坦合作的《博弈论与经济行为》标志着博弈理论的诞生。从博弈论诞生以来，其发展经历了以下几个阶段：

（1）20 世纪 50 年代，合作博弈发展时期。该时期出现了纳什和夏普利的讨价还价模型，David 和 Shapley（1962）提出了关于合作博弈中“核”的概念，加上其他一些学者的贡献，使合作博弈发展到了鼎盛期。与此同时，非合作博弈开始创立。

（2）20 世纪 60 年代，博弈论进一步发展期。在这一时期出现了一些重要人物，如泽尔腾将纳什均衡的概念引入了动态分析，提出精炼纳什均衡概念；Harsanyi（1967）则把不完全信息引入博弈论的研究。并因此，纳什、泽尔腾、海萨尼 3 人获得了 1994 年的诺贝尔经济学奖。

（3）20 世纪 70 年代，亚对策理论的提出。这一时期霍华德提出了一种以现实生活中最容易出现的情况为基础的对策理论——亚对策理论。其基本思想是在选择策略时，要考虑其他局中人的策略作为一种函数，使其构成更高一级的对策，即亚对策。

（4）20 世纪 80 年代，冲突分析的建立于这一时期。20 世纪 80 年代以后，Fraser 和 Hipel（1984）在亚对策理论的基础上，建立了一套研究冲突事态的方法——冲突分析，从而使博弈论变得更为实用。

（二）博弈论中的基本概念

博弈论中的基本概念包括参与人、行动、结果、信息、战略、效益函数、均衡（Faigle et al.，1988）。其中，参与人、战略、支付函数统称为博弈的标准型表述；参与人、行动和结果统称为博弈规则；博弈分析的目的是使用博弈规则预测均衡。

1. 参与人

参与人即博弈中的决策主体，可以是自然人，也可以是团体。参与人的目的是通过选择行动（或战略）以最大化自己的效用水平。每个参与人必须有可供选择的行动和一个很好定义的偏好函数。那些不作决策的被动主体只当作环境参数来处理。除一般意义上的参与人外，为了分析的方便，在博弈论中，“自然”作为虚拟参与人来处理。这里，自然是指决定外生的随机变量的概率分布的机制。

2. 行动

行动是参与人在博弈的某个时点的决策变量。一般地，用 a_i 表示第 i 个参与人的一个特定行动。$A_i = \{a_i\}$ 表示可供第 i 个参与人选择的所有行动的集合。参与人的行动可能是离散的，也可能是连续的。在 n 人博弈中，n 个参与人行动的有序集 $a=(a_1, a_2, \cdots, a_n)$ 称为行动组合。其中的第 i 个元素 a_i 是第 i 个参与人的行动。与行动相关的一个重要问题是行动顺序。行动顺序对于博弈的结果非常重要。同样的参与人、同样的行动集合，行动的顺序不同，每个参与人的最优选择就不同，博弈的结果也不同。

一般假定参与人的行动空间和行动顺序是所有参与人的共同知识。共同知识指“所有参与人知道，所有参与人知道所有参与人知道，等等”，是与信息有关的一个重要概念。

3. 战略

战略是参与人在给定信息集的情况下的行动规则，它规定参与人在什么时候选择什么行动。因为信息集包含了一个参与人有关其他参与人之前行动的知识，战略告诉该参与人如何对其他参与人的行动作出反应，因而战略是参与人的相机行动方案。

4. 信息

信息是参与人有关博弈的知识，特别是有关“自然”的选择、其他参与人的特征和行动的知识。信息集是博弈论中描述参与人信息特征的一个基本概念。

5. 效益

在博弈论中，得益是指在一个特定的战略组合下参与人得到的确定效用水平，或者是指参与人得到的期望效用水平。令 u_i 为第 i 个参与人的得益（效用水平）以 $u=(u_1, \cdots, u_i, \cdots, u_n)$ 为 n 个参与人的得益组合。博弈的一个基本特征是一个参与人的得益不仅取决于自己的战略选择，而且取决于所有其他参与人的战略选择，u_i 是所有参与人的战略选择的函数：

$$u_i = (s_1, \cdots, s_i, \cdots, s_n) \tag{5.1}$$

6. 结果和均衡

结果是博弈分析所感兴趣的所有内容，如均衡战略组合、均衡行动组合、均衡支付组合等。均衡是所有参与人的最优战略的组合。记为：

$$s^* = (s_1^*, \cdots, s_i^*, \cdots, s_n^*) \tag{5.2}$$

其中，s_i^* 是第 i 个参与人在均衡情况下的最优战略。它是 i 的所有可能的战略中使 u_i 或 Eu_i 最大化的战略。用 $s_{-i} = (s_1, \cdots, s_{i-1}, s_{i+1}, \cdots, s_n)$ 表示由除 i 之外的所有参与人的战略组成的向量。s_i^* 是第 i 个参与人在均衡情况下的最优战略，意味着：

$$u_i(s_i^*, s_{-i}) \geqslant u_i(s'_i, s_{-i}) \quad \forall s'_i \neq s'_i \tag{5.3}$$

均衡意味着，对所有的 $i = 1, 2, \cdots, n$，式（5.3）同时成立。

（三）博弈的分类及其对应均衡的概念

1. 完全信息的静态博弈与纳什均衡

纳什对博弈论有两方面的贡献：即合作博弈理论中的讨价还价模型和非合作博弈理论。纳什在 1950 年和 1951 年的两篇论文中给出了非合作博弈及其均衡的定义，并证明了均衡解的存在，这奠定了非合作博弈论的基础。

（1）纳什均衡的概念。纳什所定义的均衡称为纳什均衡，纳什均衡指的是所有参与人的最优战略组成，即在给定别人战略的情况下，没有任何单个参与人再有积极性选择其他战略，也就是说没有任何人有积极性打破这种均衡。反过来，没有构成纳什均衡的战略组合总有人有积极性偏离、打破，也就是说，不满足纳什均衡要求的协议是无效的。

（2）纳什均衡用例。以市场进入阻挠为例，进一步说明纳什均衡的概念。

这是产业组织经济学中的一个例子。设想有一个垄断企业已在市场上（称为在位者），另一个企业虎视眈眈想进入（称为进入者）。在位者想保持自己的垄断地位，所以就要阻挠进入者进入。在这个博弈中，进入者有两种战略可以选择：进入与不进入；在位者也有两种战略：默许与斗争。假定进入之前垄断利润为300，进入之后寡头利润和为100（各得50）；进入成本为10。各种战略组合下的支付矩阵如表5.1所示。

表5.1 市场进入阻挠

在位者		默许	斗争
进入者	进入	(40, 50)	(-10, 0)
	不进入	(0, 300)	(0, 300)

这个博弈也有两个纳什均衡：即（进入，默许）、（不进入，斗争）。因为给定进入者进入，在位者选择默许时得到50单位利润，选择斗争时得不到利润，所以，在位者最优战略是默许，（进入，默许）是纳什均衡。类似地，给定在位者选择默许，进入者的最优战略就是进入。尽管在进入者选择不进入时，默许和斗争对在位者是一样的，只有当在位者选择斗争时，不进入才是进入者的最优选择，所以，（不进入，斗争）是一个纳什均衡。

2. 完全信息动态博弈与子博弈精炼纳什均衡

（1）问题的提出。纳什均衡对下列问题难以解决：首先，如上例所示，当博弈可能有不止一个纳什均衡时，实际上哪个纳什均衡会发生呢？纳什均衡没有给出明确的选择规则。其次，参与人在选择自己的战略时，把其他参与人的战略当作给定的，不考虑自己的选择如何影响对方的战略。对动态博弈而言，这个假设是不能完全成立的。例如，在市场进入阻挠的例子中，在位者选择斗争不理性，所以在位者选择斗争是不可置信的威胁。而由于纳什均衡允许了不可置信威胁的存在，所以，（不进入，斗争）也成了一个纳什均衡。所谓不可置信的威胁，是指如果对手有某项行动，当事人将作出相关反应行动（如声明），这种反应可能或必然对对手有损害，但同时对自己也不利。

（2）子博弈完美纳什均衡的概念。泽尔腾（1965）通过对动态博弈的分析完善了纳什均衡的概念，定义了子博弈完美纳什均衡。这个概念将纳什均衡中包含的不可置信的威胁战略剔除出去，就是使均衡战略不再包含不可置信的威胁。它要求参与人的决策在任何时刻都是最优的，决策者必须随机应变，而不是固守旧略。由于剔除了不可置信的威胁战略，在许多情况下，精炼纳什均衡也缩小了纳什均衡的个数，这有助于更精确地预测。

下面给出泽尔腾的子博弈精炼纳什均衡的概念。在动态博弈中，博弈的历史被假定为一种共同知识，即每个当事人知道过去发生了些什么。在这个假设下，每一个行动者从选择开始至博弈结束又构成一个博弈，称为子博弈。一个纳什均衡称为精炼纳什均衡，当且只当参与人的战略在每一个子博弈中都构成纳什均衡。就是说，组成精炼纳什均衡的战略必须在每一个子博弈中都是最优的。一个精炼均衡首先必须是一个纳什均衡，但纳什均衡不一定是精炼均衡，只有那些不包含不可置信威胁的纳什均衡才是精炼纳什均衡。

与子博弈精炼纳什均衡概念相关的另一个概念是承诺行动，它是当事人使自己的威胁战略变得可置信的行动，意味着当事人要为自己的失信付出成本。例如，在市场进入阻挠的例子中，若在位者通过某种承诺行动使选择斗争是可置信的威胁，这样进入者就不敢进入，在位者就可以得到垄断利润。

（3）斯坦克尔伯格（Stackelberg）寡头竞争模型。正如库诺特均衡可以看作纳什均衡的第一个版本，斯坦克尔伯格（Stackelberg，1934）均衡可以看作泽尔腾（Selten，1965）的子博弈精炼纳什均衡的最早版本。如同在库诺特模型中一样，在斯坦克尔伯格模型中，企业的行动也是选择产量。不同的是，在斯坦克尔伯格模型中，企业1首先选择产量 $q_1 \geq 0$，企业2观测到 q_1，然后选择自己的产量 $q_2 \geq 0$。因此，这是一个完美信息动态博弈。因为企业2在选择 q_2 前观测到 q_1，它可以根据 q_1 来选择 q_2；而企业1首先行动，它不可能根据 q_2 来选择 q_1，因此，企业2的战略应该是从 Q_1 到 Q_2 的一个函数（这里 $Q_1 = [0, \infty)$ 是企业1的产量空间，$Q_2 = [0, \infty)$ 是企业2的产量空间），而企业1的战略就是简单地选择 q_1。可以使用逆向归纳法求解这个博弈的子博弈精炼纳什均衡。首先考虑给定 q_1 的情况下，企业2的最优选择，得到一个最优化的一阶条件。因为企业1预测到企业2将根据 q_1 选择 q_2，q_1 和 q_2 满足最优化的一阶条件，在这个前提下，企业1通过最大化自己的利润函数，便可得到能使利润最大化的产量，再根据 q_1 和 q_2 满足的最优化的一阶条件便可得到企业2的最优产量。

3. 不完全信息静态博弈与贝叶斯纳什均衡

（1）问题的提出。完全信息博弈假设所有参与人都知道博弈的结构、博弈的规则和博弈的支付函数，在实际中，绝大部分情况下有些假设是不成立的，这属于不完全信息博弈，因此完全信息博弈的有关理论是不适用的。

（2）海萨尼转换。1967年，海萨尼提出了海萨尼转换。内容是：引入一个虚拟的参与人——“自然”，它在所有后果之间是无差异的。“自然”首先选择参与人的类型，被选择的参与人知道自己的真实类型，而其他参与人不清楚这个被选择的参与人的真实类型，但知道各种可能类型的概率分布，同时被选择的参与人也知道其他参与人心目中的这个分布函数。就是说，分布函数是一种共同知识（Common Knowledge）。这就是海萨尼转换，通过它，不完全信息博弈被转换成完全但不完美信息博弈，变得可以分析，与之相应的均衡便是贝叶斯纳什均衡。贝叶斯规则是概率统计学中应用观察到的现象修正先验概率的一种标准方法，被用来解决不完全信息动态博弈问题。

（3）贝叶斯纳什均衡。基于贝叶斯规则，海萨尼定义了贝叶斯纳什均衡。贝叶斯均衡是纳什均衡在不完全信息博弈中的自然扩展，其含义是：在静态不完全信息博弈中，参与人同时行动，没有机会观察到别人的选择。给定别人的战略选择，每个参与人的最优战略依赖于自己的类型。由于每个参与人仅知道其他参与人类型的概率分布而不知道其真实类型，因此他不可能准确地知道其他参与人实际上会选择什么战略。但是，他能正确地预测到其他参与人的选择是如何依赖于其各自的类型。这样，他决策的目标就是，在给定自己的类型和别人的类型依从战略的情况下最大化自己的期望效用。贝叶斯纳什均衡是这样一种类型依从战略组合：给准自己的类型和别人类型的概率分布的情况下，每个参与人的期望效用达到了最大化，即没有人有积极性选择其他战略。

4. 不完全信息动态博弈与精炼贝叶斯均衡

在动态博弈中，行动有先后次序，后行动者可以通过观察先行动者的行动获得有关后者偏好、战略空间等方面的信息，修正自己的判断。先行动者知道自己的行为有传递自己特征信息的作用，就会有意识地选择某种行动来掩盖自己的真实情况。

（1）精炼贝叶斯均衡。对应于不完全信息动态博弈的均衡概念是精炼贝叶斯均衡。这个概念是完全信息动态博弈的精炼纳什均衡和不完全信息静态博弈的贝叶斯均衡的结合，对此作出贡献的主要有泽尔腾（1975），克瑞普斯和威尔逊（1982）及弗得伯格和泰勒尔（1991）等。泽尔腾定义了颤抖手均衡（Trembling Hand Equilibrium），克瑞普斯和威尔逊定义了序贯均衡（Sequential Equilibrium），弗得伯格和泰勒尔给出了精炼贝叶斯均衡的正式定义。理论上讲，序贯均衡是比精炼贝叶斯均衡更强的概念，而颤抖手均衡又比序贯均衡更强。但在许多情况下，三个概念是一致的。

精炼贝叶斯均衡的要点在于当事人要根据所观察到的他人的行为来使用贝叶斯规则修正自己有关后者类型的主观概率（信念），并由此选择自己的行动。即每一个参与人都假定其他参与人选择的是均衡战略。与其他均衡概念不同，精炼贝叶斯均衡不能仅定义在战略组合上，它必须同时说明参与人的信念，因为最优战略是相对于信念而言的。

（2）精炼贝叶斯均衡举例。

1）垄断限价模型（Mileom & Roberts，1982）。在市场进入阻挠例子中，在位者可能是低成本，也可能是高成本，进入者事先不知道。在静态博弈中，进入者只能根据先验判断选择进入还是不进入。现在假设在位者先行动，如定价。我们用 p 来表示价格。那么，p 本身可能包含有关在位者成本函数的信息，因为不同成本函数下的最优价格不一样。假定存在一个价格 p^*，只有低成本企业才有利可图，而高成本企业是不敢模仿这个价格的。

那么，精炼贝叶斯均衡是低成本在位者选择 p^*，高成本企业选择一个较高的垄断价格；如果进入者观察到在位者选择 p^*，就推断其为低成本，不进入；否则，就认为在位者是高成本，进入。这就是著名的垄断限价模型。

2）信号传递模型。信号传递博弈是 Spence 在 1974 年首先发展起来，它是一种不完全信息动态博弈，主要用于解决博弈一方（只有一个类型）在不能准确知道另一方类型（有多个类型）的情况下，通过对方发出的信号来修正自己对其类型的判断的问题。

Spence 分析的是劳动力市场上工人的教育水平如何传递有关能力的信息。在这个模型里，企业的生产率取决于工人的能力。工人的能力可能高也可能低，工人本人知道，雇主不知道；教育本身不改进工人的能力，但却可以传递有关这种能力的信息，原因是，教育要花费成本，而高能力人的教育成本相对于低能力的人要低。这样，文凭就成为能力的象征（一种信号），尽管它不一定是能力的源泉。高能力的人要把自己与低能力的人分开，就要选择受更多的教育，企业看到受过教育的人就推断他是具有高能力的，可以支付高工资。

信号传递模型是精炼贝叶斯均衡的一个重要应用，具有广泛的应用领域。例如，日常生活中去市场买东西，商品的质量高低只有卖家清楚，消费者并不清楚，通常依据价格的高低判断一种商品在同类商品中的质量高低，这里的“价格”就是一种信号。前述垄断限价模型是信号传递模型的一个特例。

（四）激励机制设计

激励机制并不是一个新话题，在组织行为学中就专门讨论激励问题，在委托—代理理论中也研究激励问题。

一般将博弈中拥有私人信息的参与人称为代理人，不拥有私人信息的参与人称为委托人。信息经济学的所有模型都可以在委托人—代理人的框架下分析。委托人—代理人理论习惯上只是隐藏行动道德风险模型，因此，信息经济学的模型可简化为两类：一是委托—代理模型；二是逆向选择模型。委托人的问题是设计一个激励合同以诱使代理人从自身利益出发选择对委托人最有利的行动。信号传递博弈就是一个逆向选择模型。

在供应链中，供应链企业对银行的贷款过程存在着信息不对称，交易关系是委托代理关系，作为处于信息劣势的银行会错选节点企业，即贷款给信用低的企业，面临信贷风险。金融机构应该如何区分不同风险的节点企业，决定是否给予贷款，避免信贷风险呢？这就是一个机制设计问题。

机制设计是一种特殊的不完全信息博弈。委托人设计一个博弈规则（包括代理人的行动空间），而不是使用一个给定的机制，这是机制设计的一个基本特征。委托人设计机制的目的是最大化自己的期望效用函数。但他这样做时面临两个约束是，如果要一个理性的代理人有兴趣接受委托人设计的机制参与博弈的话，代理人在该机制下得到的期望效用必须不小于他在不接受这个机制时得到的最大期望效用。这个约束称为参与约束或个人理性约束（IR）。代理人在博弈之外能得到的最大期望效用称为代理人的类型的情况下，代理人在所设计的机制下必须有积极性选择委托人希望他选择的行动。显然，只有当代理人选择委托人所希望的行动时得到的期望效用不小于他选择其他行动时得到的期望效用时，代理人才会有积极性选择委托人所希望的行动。这个约束称为激励相容约束（IC）。满足参与约束的机制称为可行机制；满足激励相容约束的机制称为可实施机制。如果一个机制同时满足参与约束和激励相容约束，则这个机制是可行的可实施机制。委托人的问题是选择一个可行的可实施机制以最大化他的期望效用。

二、不同融资模式下银企间信贷博弈分析比较

传统融资模式是基于财务报表的主体企业授信，这实质上是一种针对单一企业的、判断长期还款能力的标准（刘德铭和黄镇高，1995）。中小企业因为资产规模小、质量差、信用等级低等，难以按传统方式获得银行贷款，加之银企间信息不对称严重、信贷交易成本高，银行出于自身资金安全考虑，对中小企业贷款持非常谨慎态度。在供应链金融中，银行所面对的不再是单一的企业，而是整个链条上的所有企业，这显然与传统融资模式中单个游离状态的企业融资具有不同的特点。对银行而言，供应链整体的信用要比游离状态的单个企业的信用强，银行就会愿意向企业提供融资，这样，中小企业的融资问题就能够得到解决。

为更好地理解供应链金融融资模式的优势，我们就单个企业采用传统融资和作为供应链成员企业运用供应链金融融资的违约风险，分别建立不同的银企博弈模型进行分析。

（一）传统融资模式下银企间信贷博弈分析

1. 模型基本假设

（1）假设博弈中的参与者只有银行和融资企业，双方是动态

博弈。由于银企间存在信息不对称，融资企业的收益成为私人信息，导致银行有可能作出错误的贷款决策。

（2）银行获得信息要付出一定的成本，一旦企业违约，银行如果选择追究也要付出一定成本。同时，银企之间所采取策略的可信度取决于双方利用所掌握信息而作的综合判断。

（3）假设银行的初始本金为1，企业通过融资可获得的利润为1，企业按期还款银行获得的利润也为1，银行追索的交易成本为0.5，成功收回贷款的概率也为0.5，企业违约将受到惩罚，罚金为1。

2. 模型分析

根据上述假设，在博弈过程中银行首先作为决策方，选择贷款或者不贷款，如果银行选择不贷，则该过程结束，双方收益均为0。如果选择贷款，博弈进入第二阶段，此时轮到融资企业进行决策，企业可以选择还款或者不还款，如果企业选择还款，则该博弈结束，双方收益均为（1，1）。对银行而言，会认为该企业信用较好，存在进一步合作的可能性。且银行将会逐渐加大对该企业的授信额度，直至达到与市场所认定的与该企业的价值相符的授信额度，该博弈达到动态均衡。如果企业选择不还款，该子博弈又将产生出一个二级子博弈，博弈将进入第三阶段。此时，决策方在银行，银行可以选择不追索或追索，如果银行选择不追索，则该博弈结束，银行不仅损失了自己的本金，也损失了已经产生的利润，银行实际损失的收益为2，这是银行最不愿意看到的。而企业由于独吞了资金产生的利润和银行的本息，因此，企业实际所获得的收益为3，即此时双方的收益为（3，-2）。如果银行选择追索，且追索须支付0.5的成本费用，获得收益为$0.5\times(-2+1)-0.5=-1$。而企业因为不履行承诺，受到惩罚，因而其获得收益为 $0.5\times(0+3)-0.5=1$，该博弈收益为（1，-1）。银行和企业间的动态博弈过程可以通过如图5.1所示的博弈树给出。

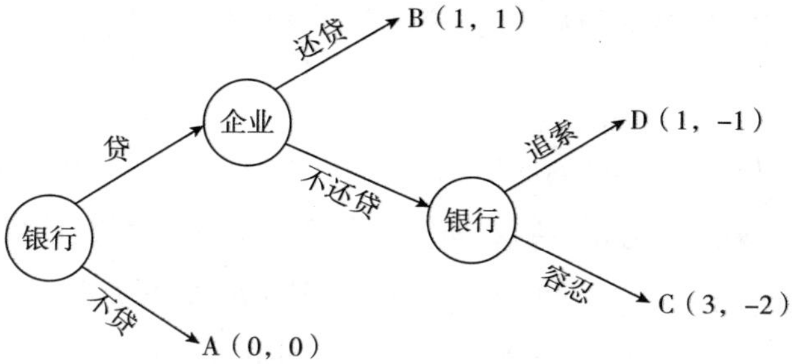

图5.1　不完全信息动态博弈

3. 均衡分析

银行在动态博弈的过程中，可选择的决策集包括（不贷，贷款—追索，贷款—容忍），企业决策集为（还款，不还款）。图中A、B、C、D是各个可能博弈过程的结果点。

在传统的融资模式中，银企间的动态博弈存在两个纳什均衡，即A（0，0）和B（1，1），对应的策略分别为（不还，不贷）和（还，贷款）。通过分析以上的博弈树可以看到，银企之间原有的均衡完全被打破，新的纳什均衡点应该是A点。这个结论很容易用逆推归纳法得到，因为在这种情况下，如果银行选择贷款，由于企业知道如果不还的话，银行追究须付出交易成本，即使银行追究，银行损失的可能性也相当大，即结果点D。因此子博弈阶段，企业肯定会选择赖账。继续逆推，在原博弈阶段，如果银行是一个自负盈亏的企业，银行作决策时肯定会选择不贷款。因为银行不贷款虽然没有产生利润，但资金是绝对安全的。

因此新的纳什均衡的均衡点应该是 A 点。可见，如果存在良好的政府信贷支持系统（担保抵押体系）或高效的司法制度，有效降低银企交易成本，能够获得银企双赢的局面。但现实中往往因为昂贵的交易费用和低效的司法制度增加了银企交易成本，使企业违约和银行惜贷的行为互相攀升，最终导致银企博弈以失败告终。

从上面的分析可以看到，由于中小企业资信低、信息不对称严重，造成金融机构的高交易成本，尤其是贷后追债成本更高，使单个企业在融资上受到约束，这可用来解释为什么中小企业在单打独斗的状况下融资困难。因此，要想有效解决中小企业融资难问题，就必须降低银行和融资企业间的信息不对称。

而导致中小企业融资难的这些问题，在供应链金融中能够得到很好的解决，我们可以通过以下银企博弈模型进一步说明供应链融资的优势。

（二）供应链金融融资模式下银企间信贷博弈分析

相对于传统单主体授信模式，供应链金融是针对多主体授信。融资企业，处于供应链中的企业在价值链基础上建立信誉桩，降低经营风险，提高企业信誉。企业信誉度是该企业被其他成员认可的程度，是企业在长期的社会交往中获得的，是随企业的行为不断变化的。信誉对于供应链中的配套企业来说非常重要，因为供应链企业间的合作是多次的。在一次合作中，你可能会利用对方的积极合作，通过消极合作获取一些不当利益，但同时你在合作者心目中信誉度就会下降，而供应链的其他成员企业也将在短时间内获知这一信息，并降低对该企业的声誉评级。当信誉度下降到某个值时，其结果是，所有供应链成员企业或者放弃与该企业的合作机会，导致该企业被迫退出相关产业供应链；或者要求该企业提高信用保证成本。也就是说，供应链特有的信誉机制大大提高了企业的实施道德风险的机会成本，不仅从社会道德角度而且从经济角度有效约束和规范了企业的行为。

核心企业是供应链金融的间接参与者，由于供应链中的核心企业往往是竞争力较强、资金雄厚且信誉较好的大企业，因此，对于银行等金融机构来说，中小企业的资信本身价值不大，只有与一家值得银行信赖的大企业发生业务往来后中小企业资信才有较大的价值，这就类似“某种资格认定”。供应链核心企业的任务就是要帮助链上的中小企业提高信用能力，解决融资问题并及时而有效地控制整个供应链的风险。物流企业在供应链金融业务中协助金融机构进行风险的评估和监管。从银行信贷风险控制看，供应链金融属自偿性贸易融资，因而在短期内能很好地对其真实性进行确认，并且在发放贷款后，能直接控制资金的去向，保证资金安全。在长期融资形式中，有融资服务机构的控制和整个供应链的绩效作为依据，风险也能较好控制，收回贷款的概率明显加大。

我们将供应链金融融资的这些优势进行细分量化为两个重要因素：一是供应链配套企业的信誉；二是银行成功收回贷款的概率，并由此分析供应链金融融资模式下银企间博弈的差别。

1. 模型的基本假设

（1）在供应链金融中，银行和链上需要融资的节点企业是博弈的直接参与者。每个经济个体都是理性的。由于供应链金融核心企业以及其他成员企业都是供应链金融的间接参与者，因而银企间信息对称性相对良好，银行作出错误贷款决策可能性较小。

（2）双方博弈是动态博弈，银行知道自身得益的概率，企业清楚自身的得益情况。如果企业违约，银行追究时银企双方都必须付出交易成本，由于在供应链中，企业违约银行追究时存在示范效应，违约企业将受到声誉损失。

（3）假设银行本金为1，企业利润和银行利润各为1，违约惩罚为1，发生赖账情况时交易费用为0.5（假定法律环境不变化），且银行向企业追债过程中企业的声誉损失为 a（$0<a<1$），银行对供应链内企业产生示范效应收益对称存在为 a；企业成功收回贷款的概率设置为 p（此时 p 为大于1/2小于1的常数）。

根据上述假设，银行和企业对以前历史信息清楚，双方博弈完美。那么银行和企业间信贷博弈过程，可以用图5.2的博弈树表示。

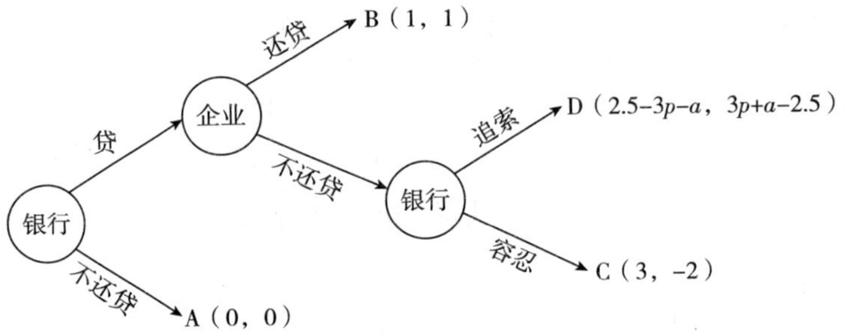

图5.2　不完全信息下银企信贷博弈

这个博弈同样包含两个子博弈。首先，银行作为决策方，可以选择贷款或者不贷款，如果选择不贷，则博弈结束。如果选择贷款，此博弈产生一个子博弈，博弈方为企业。其次，企业作为决策方，可以选择还款或不还款，如果企业选择还款，则该博弈结束。如果企业选择不还款，则该子博弈又产生了一个二级子博弈，博弈方在银行，银行可以选择容忍或追索，如果银行选择容忍，银行损失了自己的本息。银行选择追索，一定概率 p 下成功收回贷款，企业则受到惩罚和信誉损失。

2. 银企间动态博弈得益分析

银行在博弈的过程中可选择的决策集不变。包括（不贷，贷款—追索，贷款—容忍），企业决策集对应仍为（还款，不还款）。图 5.2 中结点 A、B、C、D 的数值为可能的博弈收益，其具体说明如下：

A：银行不贷款，和单个企业一样，双方无关联。收益集是（0，0）。

B：银行贷款，企业主动还贷，双方受益。收益集是（1，1）。

C：银行贷款，企业不主动还贷，银行忍受。结果银行的损失是本金加利息：$-1-1=-2$，企业的收益是企业收益加银行本息：$1+1+1=3$。收益集（3，-2）。

D：如果银行进行追索，债务收回的概率为 p，银行追缴行为对供应链内其余企业有威慑作用，示范效应的外部收益为 a，花去交易成本 0.5，这样银行追债成功的收益为 $p\times(1)+(1-p)\times(-2)-0.5+a=3p+a-2.5$；对于企业来说，一旦逃废银行的债务，那么不好的声誉会使企业业务受损为 a，加上交易费用 0.5 和违约惩罚 -1，则企业被动还债的收益为 $p\times0+(1-p)\times3-0.5-a=2.5-3p-a$。博弈后收益集是（$2.5-3p-a$，$3p+a-2.5$）。

3. 供应链金融下银企间动态博弈的均衡分析

由以上的得益分析可以得到表 5.2 的收益矩阵。

在供应链金融授信模式下的银企博弈，银行同样采用的是威胁策略：如果企业不还款，就进行追索，并以追究责任为承诺迫使企业不敢赖账而达到双赢的目的。具体行动是（还，贷：追）。

表 5.2　供应链金融银企间动态博弈的收益矩阵

银行		（不贷，不追）	（贷：忍）	（贷：追）
企业	还款	（-2，2）	（1，1）	（1，1）
	不还款	（0，0）	（3，-2）	$(2.5-3p-a,\ 3p+a-2.5)$

如果银行的威胁承诺是可信的，那么就得到预期的子完美博弈纳什均衡 B 点（1，1），即银行借贷，而企业还钱；如果银行追究行为不可信，那么结论同前文一样银企以不合作结束博弈行为。判断银行的承诺行动是否可信依然可以采用逆向归纳法。也就是初始博弈必须建立在一级、二级子博弈的纳什均衡上，因此必须符合条件：

$$2.5-3p-a<1 \tag{5.4}$$

$$3p+a-2.5>-2 \tag{5.5}$$

即当发生赖账时，银行追债后所得收益大于银行忍受赖账所得的收益，企业被银行追债后所得收益小于正常收益。求解不等式组，得：

$$3p+a>1.5 \tag{5.6}$$

由于设定 $1/2<p<1$，$0<a<1$，很容易得出不等式成立。说明二级子博弈里 D 点是纳什均衡，也就是说在供应链融资模式下达到 B 点（1，1）银企双赢的子完美博弈纳什均衡可信，银行对供应链上的节点企业在博弈过程中采用追债威胁来维护动态均衡可行。同时，这个不等式符合本书对企业信誉、还贷概率的假定：企业信誉的重要性和企业还款概率越大，银企之间博弈越稳定，银企间合作也就越长久。所以，因为供应链中企业具有稳固的合作链，银行信贷后的三种情况是：

（1）企业如果赖债，银行一定追债，追债成功，两者都有轻微的损失；追债不成功，两者的损失都较大，但企业的损失更大甚至是企业前途的终结。

（2）如果企业主动还钱，两者都受益，且比被动还债收益大。

（3）如果银企不合作，则双方一无所获。所以银企博弈应该以信任与承诺的方式，重视声誉，双方合作，才能取得双赢。

4. 供应链金融中小企业与银行间博弈的启示

通过供应链内配套企业和游离状态下单个企业的银企博弈对比，我们可以得出以下几点启示：

（1）中小企业间接融资难问题在供应链金融中可以得到解决。银行对中小企业的“惜贷”从根本上说，是由于其对中小企业资信情况不了解，没有相关记录，也缺乏专门针对中小企业的资信评估体系和授信制度的安排。由此在信息不对称和中小企业机会主义的驱使下，中小企业或是逃废银行贷款，或是拖欠银行贷款，以致形成银行“惜贷”、企业失信的恶性循环现象。从上文的博弈分析中，我们得出中小企业有失信行为的动机，但当某种约束条件（如银行对中小企业信用状况的足够了解、道德约束）发生变化时，供应链中小企业也会由潜在的失信者转变为现实的失信者，以寻求自身效用的最大化。但中小企业的失信动机还不是构成其失信行为的充分条件，还要视银行给企业带来的威胁、震慑而定。当中小企业认识到失信后，银行追债所带来的损失远远大于收益时，将使这些潜在的失信者转化为现实中的守信者。

（2）银行收回贷款的概率和追缴时对供应链成员企业的示范效应是供应链金融的关键指标。回收贷款的成功率实际上反映了银企间信息的对称性，如果双方信息完全、对称，那么银行在选择放贷对象时就不会盲目。供应链的特性让银行在信贷博弈的过程中有了更多的主动权，从而也削弱了因信息不对称而产生的逆向选择，增强了银行的放贷信心。追债时产生的示范效应是供应链成员企业区别游离企业另一重大特征，现实中由于信用体系的不完备、法律制度不健全，单个游离企业在逃废债后往往能得逞，受到惩罚力度小。但是供应链成员企业因信用和承诺而互相连接，声誉对企业自身至关重要，银行追债时的示范效应相对应为企业带来高额成本，成为制约企业逃废债务的重要因素。

（3）解决中小企业融资难问题要从产业供应链的建设入手。良好的银企信贷关系得益于供应链成员企业的优势，但是如何获取供应链成员企业的优势归根结底在于供应链的建设和发展。当一个供应链还处于初级发展阶段时，结构比较松散，分工协作不多，信用和承诺不是强有力的纽带；行业壁垒低，企业进出成本小，能为企业融资带来的优势就不会大于单个企业。因此，并不是供应链上所有的配套企业银行都会为其提供供应链金融服务，只有那些与核心企业具有长期、稳定的交易关系的配套企业，业务风险才会很小，银行只会针对这些配套企业提供融资业务。可以通过加强供应链成员企业之间的专业化与分工，提高供应链的核心竞争力；强化政府的角色力量，制定适当产业指导规划，来促进产业供应链的有序发展，使供应链金融优势更加具体明晰。

三、供应链应收账款质押融资中的信号传递模型

针对信号传递对于逆向选择导致的投资不足问题，Spence 最

早用信号传递模型研究了用教育投资的程度作为一种可信的传递信息的工具，由此证明，市场上具有信息优势的代理人，可以通过某些有成本的信号传递（Signaling）使委托人将自己和劣质委托人区分开来。利用信号传递模型，优质的高新技术企业可以通过向投资方有成本地传递信号方式，以使自己和劣质企业相区分，在某种程度上解决信息不对称问题。对于信号传递模型的研究，夏传文和罗泊（2007）研究了企业如何通过控制商业银行贷款规模来主动发信号显示自己的类型，从而解决投资不足问题。马荣华（2005）研究了如何针对一国的外债水平，构建信号传递模型以使高质量国家和低质量国家区分开来。对于中小高新技术企业，谢江林等（2009）针对高新技术企业的特点，提出一种新的信号传递方式：即优质中小高新技术企业如何通过控制 R&D 投入规模，向投资者提供自己的真实信息，以使自己和劣质的、研发能力差的高新技术企业区分开来，降低信息不对称程度，从而解决由逆向选择所带来的投资不足问题。

银行依托应收账款向借款人提供融资面临的最大风险在于能否获得足够高质量的应收账款信息。因为，债权最终要落实到银行，而债务却始终要购货方承担，购货方的相关信息要经过销货方传递给银行，利益的作用使购货方通过包装提供虚假的债务人信息。因此，对应收账款融资业务而言，评估应收账款的价值至关重要。鉴于根据应收账款价值大小/评估结果进行放贷过程与信号传递博弈过程相似，本书针对应收账款质押融资特点，提出一种新的信号传递方式：即拥有可靠还款来源的应收账款企业，如何通过债项评级的综合评分作为信号，向商业银行提供自己的真实信息，以使自己和拥有劣质应收账款的企业区分开来。下面分析应收账款质押融资债项评级的内容。

（一）供应链应收账款的债项评级内容

1. 基于主体的债项评级

信用评级，也称资信评级，是由独立的信用评级机构对影响评级对象的诸多信用风险因素进行分析研究，就其偿还债务的能力及其偿债意愿进行综合评价，并且用简单明了的符号表示出来。根据评级对象的不同，信用评级又分主体信用评级和债项信用评级两种。主体信用评级是对债务人的评级，债项信用评级是评价特定债项内含的信用风险。

债项的信用风险取决于其未来预期损失的大小，即发生损失的期望值，也即该债项的违约概率（PD）与一旦发生违约后不能被收回的程度（LGD）的乘积。LGD 与特定债项的结构有关，如担保措施等；而 PD 实质上是债务人某种属性，反映了债务人偿债能力的大小，即基础信用质量。

供应链金融的产品基础是自偿性贸易融资，自偿性贸易融资的最大特点是强调授信的自偿性，即通过对物流、资金流控制技术的结构化运用，规避主体资信、实力的欠缺所蕴含的较大信用风险，供应链金融融资业务的客户准入评价可以强化债项评价的权重，弱化主体评价的权重。供应链应收账款资源融资对象主要是那些资信按传统融资要求不达标的中小企业，对于供应链应收账款融资，主要是基于客户所提供的应收账款的价值，担保物即应收账款才是企业的主要还款来源。当然，对于应收账款资源融资仍需考察借款人的财务状况，只是对借款人的财务状况的考察要次于对担保物价值的考察。鉴于此，供应链应收账款融资的信用评级，必须突出债项结构指标的重要性，在债项结构弥补主体资质不足的前提下，主体评价权重可适当调低，实际上这是基于主体的债项评级。

2. 应收账款质押融资评级的主要指标

对于评级指标的选取，各家银行有自己不同的选取方法，一般包括经营的制度性环境、授信支持性资产特征、受信人资质、交易对手资质以及操作模式和条件等。由于应收账款融资的自偿性贸易特点，主体授信风险对授信的安全性只起到第二保障的作用，总体评价的权重只占15%，而债项结构评价的权重占85%。在债项结构评价中，交易对手资质是权重的最大项目，占40%，评级满分为100。评级的分数越高，说明应收账款质量越高，银行给予融资的概率同时加大。因此，供应商在进入市场前，会对融资审核表中一些指标数据选择适当的评级分数进行填写，以获得较好的信用评级，这一过程中不排除利益的作用，使供货商对相关的指标数据进行粉饰甚至提供虚假信息。银行则尽可能获得有关应收账款的有价值信息，对审核表数据进行甄别，并根据综合评级分数选择放贷或不放贷。下面通过构造简单模型来说明综合评级分数作为信号是如何影响银行的贷款决策。

（二）模型的基本假设

在供应链金融中，银行和链上需要融资的节点企业是博弈的直接参与者。供应商为信号发送方，有两种类型：高信用供应商和低信用供应商，类型信息是私人信息；高信用供应商提供高质量的应收账款，即应收账款到期还款来源可靠；而低信用供应商提供低质量的应收账款，应收账款还款来源信息不可靠，到期无法归还贷款。银行在贷款前会按债项评级指标，对供应商提供的应收账款进行债项评级，尤其关注所属债务人的信息。相关债务人还款能力越强，则信用越高，供应商的综合评分 f 也越高，表明供应商的信用越高。银行将按供应商综合评分结果决定提供贷款或不提供贷款。

因此，不同类型的供应商可以根据自己的类型填写融资申请中的各项指标数据，由银行鉴别真伪并给出综合评分 f，供应商的综合评分 f 可以作为信号传递给银行以区别于其他供应商的信用，使银行愿意为其提供贷款。该银企博弈的模型假设如下：

（1）在供应链金融中，银行和链上需要融资的节点企业是博弈的直接参与者。每个经济个体都是理性的。由于供应链金融核心企业以及其他成员企业都是供应链金融的间接参与者，因而银企间信息对称性相对良好，银行作出错误贷款决策可能性较小。

（2）自然选择供应商的类型 θ，$\theta = h$，表示高信用供应商；$\theta = l$，表示低信用供应商。供应商对自己的类型很清楚，但银行并不知道，只知道高信用供应商（$\theta = h$）概率 $p \in (0, 1)$，低信用供应商的概率为 $1 - p$。

（3）供应商知道自己的类型，在融资前供应商根据自己的信用类型填写融资申请表，由银行计算综合评分 f，f 值越大，说明供应商的信用越高，即 $f_h > f_l$，并作为信号进行传递，以区别于其他类型的供应商。

（4）供应商为获得融资往往对融资审核表进行包装，以提高审核表中的各项指标得分，包装需要成本（包括申报虚假信息被发现后的惩罚）。设包装成本为 $C_\theta(f)$，$\theta = h$ 或 l，且 $C'_\theta(f) > 0$，则低信用供应商的包装成本要大于高信用供应商的包装成本，该假设隐含低信用的企业要想包装成高信用的企业要付出的额外成本更高。

（5）银行不了解供应商类型，根据供应商填写的审核表进行甄别、评估，给出其综合得分 f，并根据 f 判断 $\theta = h$ 的概率，使用贝叶斯法则从先验概率 p 得到后验概率 $\hat{p}=\hat{p}(\theta \mid f)$，以此决定供应商信用的高低，对高信用供应商提供贷款 M，对低信用供应商不提供贷款，M 可以看作综合评分 f 的函数。

（6）设银行提供 M 的贷款给高信用供应商可获得本息收益 M_1，而对低信用供应商提供贷款，由于到期低信用供应商不能归还银行贷款，银行将失去本金 M，因此获得收益为 $-M$。

设高信用供应商和低信用供应商通过融资获得的项目收入均为 M_2，则第二阶段博弈结束时，银行和供应商的收益矩阵由表 5.3 给出。

表 5.3　博弈第二阶段结束时银行和供应商的收益矩阵

银行		放贷	不放贷
供应商	高信用	$(M_2-M-C,\ M_1)$	(0，0)
	低信用	$(M_2-C,\ -M)$	(0，0)

相对于不完全信息下的信号发送机制，可供参考的情形有两种：一是完全信息；二是不存在信号发送可能的不完全信息。在完全信息情形下，结果很简单，银行将按照不同企业的类型决定是否给予贷款，这是一种帕累托有效的结果。如果企业质量是私有信息且不存在信号发送的可能，银行只能提高质押率以及贷款利率进行放贷，这种情况导致逆向选择。逆向选择将扭曲融资市场的供求均衡，严重时甚至市场消亡。

（三）精炼贝叶斯纳斯均衡解

考虑企业能够通过选择 f 来进行信号发送的情形。在这里，企业选择不同的 f 虽然不会提高企业的利润，但却可以使投资者认为企业是高信用的，从而获得贷款。下面分别考虑融资过程信号传递博弈的精炼贝叶斯纳斯均衡：分离均衡和混同均衡。

1. 分离均衡

在分离均衡下，不同企业以概率 1 发送不同信号，信号能准确地揭示出企业的类型。即在融资审核信息申报过程中，高信用供应商和低信用供应商将会分别选择不同的综合评分。

假设高信用供应商选择 f_h，而低信用供应商为获得融资也选择了 f_h，则此时低信用供应商的总收益便为 $M_2 - C_l(f_h)$，高信用供应商的总收益为 $M_2 - M - C_h(f_h)$。按照分离均衡的定义，分离均衡存在两个必要条件：即低信用供应商不会选择高信用供应商的综合评分，而高信用供应商也不会选择低信用供应商的综合评分。因此，低信用供应商为获得融资而进行的包装成本必须大于其收益，即

$$M_2 - C_l(f_h) < 0 \tag{5.7}$$

而对于高信用供应商，通过融资的收益大于为获得融资所付出的成本，即

$$M_2 - M - C_h(f_h) > 0 \tag{5.8}$$

若存在分离均衡，由式（5.7）和式（5.8）可求出一个区间 $[f_1, f_2]$，使得银行对企业有如下判定：所有 $f_h' \in [f_1, f_2]$ 为高信用供应商，所有 $f_h' < f_1$ 的供应商均为低信用供应商，于是对应的有：对于 $f_h' \in [f_1, f_2]$ 的供应商可获得贷款，而所有 $f_h' < f_1$ 的供应商不予贷款。存在该区间 $[f_1, f_2]$ 的关键是斯宾塞—莫里斯条件成立：

$$\frac{\partial c_l(f)}{\partial f} > \frac{\partial c_h(f)}{\partial f} \tag{5.9}$$

这一条件成立说明，综合评分的提高对不同类型供应商的包装成本是不同的，对于低信用的供应商提高单位综合评分付出的

代价要大于高信用供应商所付出的成本。由于在供应链金融中银企信息对称性相对良好，融资企业通过包装提供虚假信息的成本相对更高，因而这一条件容易满足。

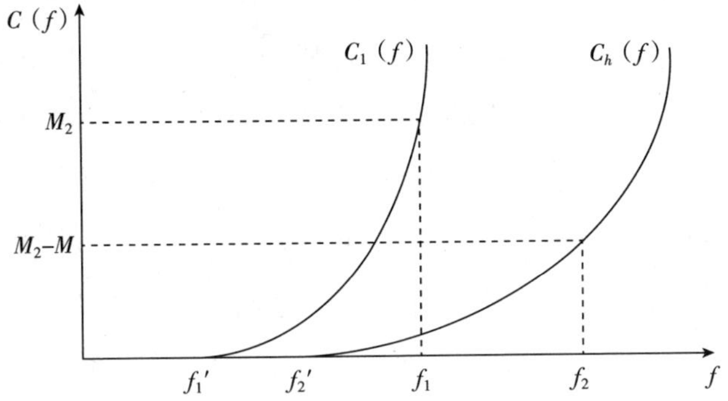

图 5.3　应收账款质押融资信号传递博弈

从图 5.3 可以看出，曲线 $y=C_l(f)$ 较为陡峭，而曲线 $y=C_h(f)$ 则相对较为平缓，且没有交点。f_1 对应于式（5.7）的条件，f_2 则对应于式（5.8）的条件，任意的 $f_h' \in [f_1, f_2]$ 同时满足式（5.7）和式（5.8）。

上述必要条件也是分离均衡的充分条件。首先，不难断定这种均衡的综合评分要么是 f_1'，要么是 $f_h' \in [f_1, f_2]$。这是因为，综合评分只是起到一种信号作用，因此 $f_h' \in [f_1, f_2]$ 已经使银行认为企业是高信用的，再提升综合评分只会增加成本，没有任何必要。同样，任何大于 f_1' 而小于 f_h' 综合评分也是没有必要的，因为，既然这样的评分并不能使银行认为企业是高信用的，这样的包装成本就没有必要付出。也就是说，两类企业都只会在图 5.3 中的 f_1' 和 $[f_1, f_2]$ 中进行选择。

在两类供应商中，高信用供应商选择任意的 $f_h' \in [f_1, f_2]$ 获得融资要好于选择其他综合评分，而对于低信用的供应商宁愿选择 f_1'，符合我们对均衡的定义，因而构成一个综合评分的分离均衡。

由以上的分析可知，高信用供应商也会要进行包装（$f_1 > f_2'$），这一结果与实际融资过程中，无论是高信用供应商还是低信用供应商都会为了获得融资而粉饰申请表的现象是一致的。

再将上述分离均衡与完全信息和不完全信息下不存在信号发送机制的情况作比较。在完全信息情况下，银行可以不花任何成本就能区分两类不同的供应商。在分离均衡中，银行最终也能区分两类供应商，但这种区分是需要成本的，即需要融资的供应商必须通过“傍大款”来提高自己的综合评分。同样可以解释为什么游离状态的中小企业融资难的原因。与没有信号发送机制相比，对于低信用供应商来说，有了信号发送机制后，由于供应链信息对称性相对较好，因此，包装成本加大，滥竽充数的可能性降低，境况自然变差。

2. 混同均衡

混同均衡是指在均衡状态下，不同类型的代理人所选择的可被观察到指标的最优水平是相同的，因而委托人不能通过该指标来区分不同类型的代理人。在银企信贷博弈过程中，混同均衡指所有供应商所选择的可被观察到的综合评分的最优水平是相同的，因而银行不能通过该评分来区分不同类型的供应商，只能按平均利率提供贷款。

混同均衡存在的条件是银行通过贷款的期望收益必须大于零，即

$$pM_1 - (1-p)M > 0 \tag{5.10}$$

在混同均衡下，影响银行是否贷款的因素是银行的期望收益，与供应商是否包装无关，因此，混同均衡的存在主要取决于银行对供应商信用作出判断是如何界定的。设 f 为银行提供贷款

的综合评分，则f为混同均衡的综合评分的必要条件是无论高信用供应商，还是低信用供应商，其选择都不愿偏离f。对高信用供应商而言，满足：

$$M_2 - M - C_h(f) > 0 \tag{5.11}$$

而对于低信用商而言，满足：

$$M_2 - C_l(f) > 0 \tag{5.12}$$

满足式（5.11）和式（5.12）的f在图5.3中形成一个包含f的区间$[f_1', f_1]$，假设也满足条件（5.7），则容易证明对于所有的$f \in [f_1', f_1]$构成一个混同均衡。与分离均衡类似，当银行观察到$f \in [f_1', f_1]$，此时银行不修正先验概率，认为$p(l \mid f) = p(l)$，给予贷款；若银行观察到$f \notin [f_1', f_1]$时，认定供应商为低信用，不给予贷款。而对于供应商而言，由于条件（5.11）和条件（5.12）都满足，因此，无论是高信用供应商还是低信用供应商都不会偏离f，由此得到一个连续的混同均衡。在所有的混同均衡中，f_2'是帕累托最优均衡。

在混同均衡情况下，低信用供应商获益最大。正是由于较低的综合信用评分使总的信用包装成本降低才使得低信用供应商混迹于高信用商之中。这与现实融资市场中的某些现象一致：某些融资企业不关心融资的实际收益，为获得融资，通过高额回扣逃避银行的甄别工作，降低包装成本，促使了混同均衡的出现，最后获得融资。

3. 供应链应收账款质押融资的建议与对策

（1）在分离均衡下，不同企业以概率1发送不同信号，信号能准确地揭示出企业的类型。在均衡分离区间，金融机构可以通过融资企业对综合评分的自选择来甄别企业的应收账款质量，而信号传递机制可以发挥消除信贷配给的作用。在混同均衡情况下，由于银行不能区分低信用供应商和高信用供应商，低信用供应商和高信用供应商都能获得融资，且低信用供应商获益最大，易导致逆向选择，因此进行债项评级时，要避免混同均衡的出现。这主要通过：

1）由式（5.4）可知，低信用供应商的包装成本越大，该条件成立的可能性越大。即通过提高低信用供应商的包装成本可以促使分离均衡的出现。对供应链应收账款质押融资而言，银行利用供应链信息对称性相对较好的特点，对供应商提出的融资申请进行仔细的甄别，并加大虚假信息的处罚力度。

2）由式（5.4）可知，通过减少每次放贷金额，降低企业每次融资获利，相当于加大包装成本，可促使分离均衡的出现。

3）由式（5.5）可知，降低高信用供应商的信号发送成本同样能促使分离均衡的出现。具体做法是：银行对于按期还款的供应商应给予适当奖励，如适当提升信用级别、降低贷款利率。

（2）在供应链应收账款质押融资中，供应商通过分享核心企业的信用，有效解决融资难题。需要融资的供应商通过“傍大款”来提高自己的综合评分，这一点同样可以解释为什么处于游离状态的中小企业融资难的原因。

四、供应链存货质押融资中的委托—代理问题研究

中小企业的资产主要以产成品、原材料存货等动产形式出

现，银行往往由于担心信用风险大而不愿为其提供贷款。物流企业由于贯穿供应链的采购、生产、销售等过程，对供应链的运营状况较为了解，因此，如果物流企业能够与银行合作，协助银行监督贷款企业的实际运营，降低借款企业的信用风险，便能使银行愿意为供应链中资金不足的企业提供商业贷款。在这样的背景下，银行、物流企业以及供应链上、下游企业相互合作，开辟了基于供应链的存货质押融资业务。存货质押融资业务涉及银行、物流企业以及中小企业三方，三方之间由于存在信息不对称，容易导致委托—代理问题。本节将运用委托—代理理论的有关知识，分析银行、物流企业以及中小企业三方之间所存在的委托—代理问题，并研究如何通过建立合理的激励约束机制，对存货质押融资业务中的委托—代理风险进行有效控制，以保证存货质押融资业务的健康发展。

（一）存货质押融资中的委托—代理关系

1. 存货质押融资的委托—代理关系模型

按照我国现行法律规定和金融行业管理规定，存货质押融资业务是指企业可以将其拥有的生产原料、存货、商品等可流动的货物交给物流企业保管，并由银行、融资企业和物流企业三方签订相关的协议，银行为企业提供短期贷款（Forrester，1961）。存货质押融资中，物流企业作为中小企业的监督者，对银行来说其实质就是委派一个代理人监督另一个代理人。这样一来，物流企业便扮演着代理人和委托人的双重身份。由于引入了物流企业，存货质押融资也由原来银行与借款企业之间的单层委托—代理关系变成了双层委托—代理关系。其中，第一层委托代理关系，即银行与物流公司之间的委托代理关系；第二层委托代理关系，即物流企业与中小企业之间的委托代理关系。银行、物流企业和借款企业三方之间的委托—代理关系如图 5.4 所示。

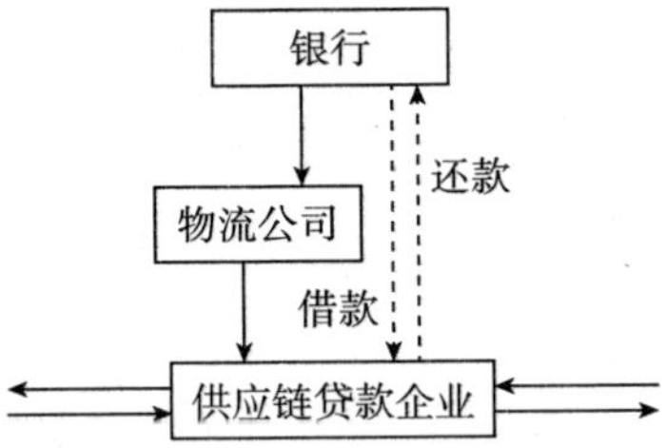

图 5.4 存货质押融资的委托—代理关系模型

2. 存货质押融资中的委托—代理问题

在供应链的运作过程中，物流活动贯穿供应链上下游的购销业务中。物流企业长期的业务活动使得它十分了解作为质押物的库存货物的相关信息；加之物流企业在动产抵押物监管及价值保全、资产变现、商品行情和货运代理等方面具备优势，因此，存货质押融资中的委托—代理问题主要反映在第一层。

（1）逆向选择问题。在存货质押融资中的委托—代理风险的逆向选择问题主要表现在第一个代理关系上。在执行存货质押的过程中，商业银行通常假定物流公司出具的仓单是真实、可靠的，因此，银行作为委托人总是希望能够找到监管能力强的物流企业来监管中小企业。但由于存在信息不对称，银行往往无法在事前准确鉴别物流企业的真实经营能力，从而造成对物流企业的逆向选择问题，即高能力的物流企业未被选中，而低能力的物流企业却因种种原因被选中。

（2）道德风险问题。在存货质押融资业务中，处于第一层代理人位置的物流企业与借款企业在第二层委托代理关系中受银行委派监督另一个代理人较银行更接近借款企业，扮演着重要角色，如向银行提供质押物、经销商信息、货权凭证真伪辨别，以及存货流动的情况，协助银行进行风险控制。因此，物流企业相对银行更具有信息优势，这容易导致在解决中小企业融资难的过程中，物流企业作为银行对中小企业的监督者有可能严重背离银行的目标，甚至与中小企业形成合谋，共同损害银行的利益。

存货质押融资业务由于物流企业的引入，导致银行在解决了中小企业存货质押监管难问题的同时，又引发了另一个问题，即银行既然难以有效监管中小企业，又如何有效约束同样是代理人的物流企业？一般认为，银行加重对物流企业的惩罚比加重对中小企业的惩罚对抑制中小企业的赖账行为更有效（李娟等，2007）。因此，针对物流企业的激励措施显得更为重要。由于存货质押融资中的银行与物流企业间的合作是多次的，我们引入声誉效应模型，分析声誉效应在存货质押融资中对物流企业的激励作用，研究隐性激励如何弥补报酬契约的不完整性。

（二）声誉效应对物流企业的激励作用

1. 隐性激励机制分析

如何设计激励机制是委托—代理理论试图要解决的问题。传统委托—代理问题主要研究如何通过制定显性激励策略，使代理人选择委托人所希望的行动。事实上，除显性的经济激励外，代理人还希望获得声誉、尊敬等其他社会和心理目标。委托—代理理论认为：在激烈的市场竞争中，代理人的代理量（决定其收入）决定于其过去的代理质量和合作水平。从长期来看，代理人必须对自己的行为完全负责，因此，即使没有显性激励合同，代理人也有积极性，因为这样做可以改进自己在代理人市场中的声誉，从而提高未来收入（黄祖庆，2007）。因此，如果委托代理关系并非一次性的，即使没有显性的激励机制，代理人也有积极性去努力工作，这就是隐性激励机制。

关于声誉与激励，Holmstrom（1982）提供了一个原创性的分析，其代理人市场声誉模型是对 Fama（1980）思想的模型化表述，用以说明市场上的声誉可以作为显性激励契约的替代物。因为代理人现期的努力通过对产出的影响改进了市场对代理人经营管理能力的判断，并认为越是年轻的经理，工作可能越卖劲，越是接近退休年龄，声誉效应越小。声誉是一个企业的无形资产，来自其他企业和公众的评价，反映企业的社会地位。声誉与薪酬作为创业投资中的重要激励因素，已从理论和实证上得到了广泛、深入研究，但声誉效应在供应链金融中的激励作用却没有得到探讨。

对金融机构而言，为物流企业制定显性激励措施并不困难，如在监管合约中，从正反两方面驱使物流企业履行其对中小企业的监管责任：一是根据其代理质量（主要指银行顺利回收贷款本息），逐步提高下期合作的收入比例；二是对其若出现庇护等有损银行利益的行为，加大经济惩罚力度，并公布物流企业的行为使其声誉受损等。在当前激烈的市场竞争下，由于运输、货物代理等一般的物流服务，利润率下降到平均只有 2% 左右的空间，已没有进一步提高的可能。而对于供应链金融服务来说，由于各家企业涉足少，发展空间巨大，对于刚入行的物流企业，为保留传统业务，并获取新的利润增长点，物流企业将受到更多的约束。因此，除金融机构采取的显性激励措施外，激烈的市场竞争所产生的隐性激励也有不可忽视的作用。为进一步了解声誉模型在银行与物流企业之间委托—代理关系中的运用，下面将通过两阶段的存货质押监管模型，研究声誉效应下银行如何制定有效的报酬契约，降低物流企业的道德风险、激励物流企业努力工作。

2. 声誉效应与报酬契约模型的建立

模型参照 Meyer 和 Vickers（1994）的基本思想，并对基本条件进行如下假设：

（1）设银行与物流企业签订的合约为 2 期，每期的产出为：

$$\pi_i = e_i + \theta + \varepsilon_i \qquad i = 1,\ 2 \tag{5.13}$$

其中，π_i 为产出，能为双方所观测到：表示银行由于聘请专业物流企业所降低的监管成本部分（包括减少的坏账损失）；i 表示物流企业 2 次与银行的合作过程。e 为物流企业的努力水平，$C(e)$ 为努力的副效用函数，且 $C'(e)>0$，$C''(e)>0$，显然 $C(0)=0$，且 $C'(0)=0$；θ 为物流企业的能力（假设与时间无关），服从 $(0,\ \sigma_0^2)$ 的正态分布；ε 为误差随机变量，服从 $(0,\ \sigma_\varepsilon^2)$ 的正态分布。

（2）假定银行是风险中性的，且进一步假定贴现率为 0。

（3）物流市场是完全竞争的，银行具有理性预期能力。

（4）通常物流企业第 i 期的收入 w_i 分为固定收入 α_i 和可变部分 $\beta\pi_i(i=1,\ 2)$。需要说明的是第二期的固定收入与物流企业第一期的业绩有关，这种影响是由声誉带来的，实际上物流企业的固定收入与当期的利润无直接关系。此时物流企业的效用函数为：

$$U = w_1 - C(e_1) + w_2 - C(e_2) \tag{5.14}$$

假设资本市场是完全竞争的，物流企业的收入等于预期产出：

$$w_1 = E(\pi_1) = E(e_1) + E(\theta) + E(\varepsilon_1) = E(e_1) = \hat{e}_1 \tag{5.15}$$

$$w_2 = E(\pi_2 | \pi_1) \tag{5.16}$$

$$w_2 = E(e_2 | \pi_1) + E(\theta | \pi_1) + E(\varepsilon_2 | \pi_1) \tag{5.17}$$

又由于 $E(e_2|\pi_1)=E(\varepsilon_2|\pi_1)=0$，故：

$$w_2=E(\theta|\pi_1) \tag{5.18}$$

由式（5.15）可知，当物流市场达到均衡时，$E(e_1)$ 即为物流企业的实际收益。当银行观察到物流企业第一期的 π_1，银行只能推断 $\varepsilon_1+\theta=\pi_1-E(e_1)$，但对产出究竟是由 ε_1 还是 θ 导致的无法区分，也即物流企业绩效的 3 个因素（e_1、θ 和 ε_1）决定，除物流企业的努力外，银行难以区分其绩效是物流企业的管理能力 θ，还是外生的其他不确定因素 ε_1 的结果。因此要根据 π_1 来推断 θ。根据理性预期公式：

$$E(\theta|\pi_1)=(1-\beta)E(\theta)+\beta(\pi_1-E(e_1)) \tag{5.19}$$

即给定 π_1 情况下银行的期望值和观测值的加权平均数，它表明银行根据观测到的信息修正对物流企业监督能力的先验判断，由于 $E(\theta)=0$，故式（5.19）可转化为：

$$E(\theta|\pi_1)=\beta(\pi_1-E(e_1))$$

其中，权数 β 反映 π_1 企业所包含的与 θ 相关的信息，可以表示为 θ 的方差与 π_1 的方差之比值，即

$$\beta=\frac{\text{var}(\theta)}{\text{var}(\pi_1)}=\frac{\text{var}(\theta)}{\text{var}(\theta)+\text{var}(\varepsilon_1)}=\frac{\sigma_\theta^2}{\sigma_\theta^2+\sigma_\varepsilon^2} \tag{5.20}$$

显然，$0<\beta<1$ 且 var（θ）越大，β 也越大，β 越大，所包含的 θ 的信息量越多，从而对其进行的修正也越多。

再由 $U=w_1+w_2=E(e_1)-C(e_1)+\beta(e_1+\theta+\varepsilon_1-E(e_1))-C(e_2)$

$$\frac{\partial U}{\partial e_1}=-C'(e_1)+\beta=0$$

$$即\ C'(e_1)=\beta>0 \tag{5.21}$$

$C(0)>0$，所以有 $e_1>0$。

可见，尽管物流企业的最优工作努力没有完全信息下那么大

[此时 $C'(e_1)=1$]，但物流企业出于对自己声誉的考虑，会将其在1期的工作努力水平保持严格大于零，而且β越大，声誉效应的作用也越大。

（三）结论与建议

由以上分析可以看出，如果银行与物流企业的委托—代理关系进行两次以上，那么物流企业为提高未来预期收入，在第一期的监管中努力水平将大于一次性委托—代理关系时的努力水平，主要因为物流企业未来的固定收入依赖于市场对其能力的预期，而第一期物流企业的努力水平是通过业绩的作用来影响预期的，显然这种声誉的效应是对物流企业的激励。从式（5.18）中还可以看出，物流企业初次固定收入的多少并不影响其努力水平的选择，为了建立行业声誉，可以忍受较低的报酬，甚至在固定收入为0的情况下，也愿意努力工作，以便在今后的合作中增加固定收入或可变收入。

对于存货质押融资，银行在抵质押物的物流跟踪、仓储监管、质押手续办理、价格监控乃至变现清偿等方面面临着巨大挑战。而物流企业在抵质押物监管、价值保全、资产变现、商品行情和货运代理等方面却具备优势。因此，引进物流公司进行存货质押监管，是供应链存货质押融资发展的必经之路。在物流企业是完全竞争的情况下，长期而言，声誉对物流企业的行为具有很大的约束力。但代理人对自己声誉的重视程度是由多方面因素决定的，其中较为重要的有声誉的质量（即反映情况的准确程度）、未来预期和已有的能力投入。因此，我们可以从以下几方面给出运行策略：

（1）建立物流企业信誉记录。出于声誉效应考虑，物流企业更愿意遵守合同，而且物流企业的声誉越高，其违约成本越大，越不倾向于违约，隐性激励效果越明显。

（2）对于新兴的物流企业，建立有序的竞争机制。有序的竞争机制能保证声誉准确、无误的传输，防止声誉机制的扭曲。

（3）银行要建立与物流企业的长期合作。对于长期合作的企业而言，声誉具有较强的约束力，从而可以减少银企之间信息不对称所带来的风险，有助于减少机会主义行为。

尽管我国的存货质押融资业务才刚刚起步，规范运作的法律法规体系还不完善，银行对于新入行的物流企业一开始制定最优的报酬方案也是困难的。但由于存货质押融资中的银行与物流企业间的合作是多次的，只要物流企业所获得的短期利益小于长期利益，即使银行没有给出显性激励措施，理性的物流企业也会自觉执行合同。这对于存货质押融资业务的发展有着十分重要的理论价值和实践意义。

五、本章小结

本章运用博弈理论分析系统融资构架下银企之间是如何建立良好的合作关系、形成有效合约，以达到双赢局面的。进一步分析、比较了供应链金融较传统融资的优势。

（1）对供应链内企业和游离状态下单个企业的融资进行银企博弈分析比较。游离状态的中小企业由于资信低、信息不对称严重，造成金融机构的高交易成本，尤其是贷后追债成本更高，使得单个企业在融资上受到约束。而供应链的特性让银行在信贷博弈的过程中有了更多的主动权，从而也削弱了因信息不对称而产生的逆向选择；追债时产生的示范效应是供应链成员企业区别游离企业的另一重大特征。因此，供应链中的中小企业较游离状态的中小企业更容易获得金融支持。

（2）以两种典型的供应链金融融资模式——应收账款质押融资模式以及存货质押融资模式为例，针对应收账款质押融资构造了信号传递模型，研究综合评级分数作为信号是如何影响银行的贷款决策的，通过博弈分析构造了相应的分离均衡区间和混同区间，在分离均衡条件下，信号传递机制可以发挥消除信贷配给的作用。针对存货质押融资，考虑到融资模式中银行与物流企业间的合作是多次的，引入声誉效应模型，分析声誉效应在存货质押融资中对物流企业的激励作用。

第六章

资金约束供应链系统融资构架的信用风险管理

信用风险是商业银行最传统而又基本的风险，也是我国商业银行所面临的最大风险。因此，如何有效地进行信用风险的管理是我国商业银行业所面临的重大课题。尽管供应链金融在一定程度上降低了银企间信息不对称的风险，但由于信用风险客观存在，因此，本章将从风险管理角度出发，首先介绍信用风险管理的基本概念；其次给出供应链金融信用风险管理的基本框架；最后针对供应链金融系统融资构架的主体融资以及不同生产运营阶段融资产品应用的信用风险进行定量分析。

一、信用风险管理的基本框架

（一）信用风险的概念

风险在风险管理和保险业中的普遍定义为“损失发生的不确

定性”，其核心是一种不确定性。这种损失发生的不确定性在商业银行开始发挥信用中介职能后，主要表现为信用风险。在不同的市场经济环境下，商业银行的运行机制和管理体制不同，人们对信用风险的定义和内涵的理解也略有不同，主要有以下几种观点：

第一种观点，来自《中国大百科全书》中对信用风险的定义，即授信者在信用活动中提供信用的本金与收益遭受损失的可能性程度，信用风险的大小与信用种类和信用条件密切相关，包括以下四种类型：

（1）违约风险：债务人由于种种原因不能按期还本付息不履行债务契约的风险。

（2）市场风险：资金价格的市场波动造成证券价格下跌的风险。

（3）收入风险：人们运用长期资金作为短期投资时实际收入低于预期收入的风险。

（4）购买力风险：未预期的高通货膨胀率所带来的风险。这是一种包含范围最广的狭义信用风险概念，与计划经济条件下对各种风险的认识和重视程度不够有关。

第二种观点，银行信用风险是指银行贷款资金的实际损失程度即呆滞和呆账贷款的比例大小。这种观点将风险与损失等同起来，忽略了风险不确定性的核心特性，只强调了风险导致的结果，不考虑风险的形成过程。

第三种观点，信用风险是指由于对手无法履行其义务而造成财务风险的损失，可以归纳为违约风险和市场风险两个方面（田新时，2006）。这是一种使用较为广泛的信用风险概念，它更强调风险发生造成损失的可能性，忽略收益的存在。这更符合人们规避风险的谨慎性原则和银行信用活动的特点，在银行业的风险管理过程中它具有很强的现实意义。

本书采用最后一种观点作为信用风险的定义。从广义的角度来看，现代市场经济条件下，无论企业还是个人，在其经济活动中一旦与他人或企业签订相关的经济合约，都将面临合约双方当事人违约的可能，它可以是违约方无法或不愿履行所承诺的货物或服务，也可以是无法或不愿按时偿还所欠的债务。

（二）信用风险管理的原则

刘丰名（1994）指出巴塞尔委员会的《信用风险管理原则》针对商业银行关注的信用风险问题，提供了一套完整、富有操作性的管理思想和行为准则。对信贷风险的管理有着很强的针对性，主要包括以下几方面内容：

1. 信用风险的管理环境——建立信用风险战略

管理环境包括组织内部和外部对组织构成影响或潜在影响的任何因素。而管理战略则是企业中带有全局性、长远性和根本性的行动谋划和对策研究。对此，巴塞尔协议文本提出了 3 项原则，所述内容都是围绕银行应建立信用风险战略或计划，要求董事会和管理层建设、执行和依照风险战略和政策，识别、衡量、监测、控制和处置信用风险，提高整个银行识别信用风险的能力。

2. 确保贷款行为在稳健的授信程序下运行

在巴塞尔委员会的文件中对这一部分提出了 4 项原则，要求银行制定和依据可行的贷款标准运营，在审批过程中充分掌握借款人和交易对象的信息，合理、审慎地确定对特定借款人的贷款限额，健全贷款的审批发放流程，配置好授信组合，采取适当步骤控制和缓解由于对关系人放贷而产生的风险。

3. 保持有效能的对信用风险的衡量和监测

巴塞尔协议文本对此提出了6项要求，如要求银行建立系统性的风险管理体系，能够对风险进行持续管理、监测和评估单笔贷款以及银行资产组合的质量；能够根据银行规模和资产状况设置好信贷人员管理幅度和职责权限；鼓励银行开发和使用各具特色的内部风险评级系统来管理信用风险，掌握一定的信息系统分析技术，建设管理信息系统。

4. 确保对信用风险的控制

在贷款质量出现下降、可能出现信用风险时，银行应具备强有力的补救程序，巴塞尔协议文件提出了3条原则。这些程序包括发现程序、评估报告程序、特殊个案处理程序。对信用风险的控制的原则性要求有：独立、持续进行信用风险管理评估，直接向高层提出报告，确保将信用风险控制在符合审慎监管原则和内部控制限额的范围内，对质量下降和有问题授信进行及时补救和处置等。

5. 应充分发挥监管者的作用

巴塞尔协议文件也阐述了监管部门对银行信用风险的监管职责应遵循的原则，提出监管者应要求银行建立识别、衡量、监测和控制信用风险的有效体系作为总体风险管理的组成部分，监管者应对有关银行信贷管理的战略、政策、制度和实践进行独立评估，发挥现场、非现场监管和外部审计师的作用。

（三）信用风险管理的基本流程

信用风险管理的基本流程同商业银行其他业务风险管理流程类似，包括信用风险识别、信用风险度量、信用风险评估和信用风险控制环节。

1. 信用风险识别

信用风险识别是信用风险管理的基础。信用风险管理人员在进行了实地调查后，运用各种方法对潜在的及存在的各种风险进行系统归类和全面识别。信用风险识别所要解决的主要问题是影响风险的因素、性质及其后果、识别的方法及其效果。

信用风险识别就是要找出造成企业偿还贷款本息违约的因素。信用风险包括系统性风险和非系统性风险。系统风险是由于宏观经济周期或行业发展要素发生变化造成行业内大部分企业亏损的情况。非系统风险则是指企业自身的经营策略等方面造成的经营风险。对中小企业而言，一些特别的非系统如投机性经营（如过度囤货）失败、卷入债务纠纷或涉嫌偷逃税等，将直接影响还款意愿与能力。企业在正常盈利的贸易完成后，是否按约偿还贷款也存在不确定性。

2. 信用风险度量

信用风险度量是非常困难的，因为信用风险具有以下一些特征：

（1）信用风险的概率分布是负偏峰的，而且是左偏的，即在左侧出现后尾特征，这给信用风险的分析造成了计量上的困难。

（2）道德风险是造成信用风险的重要原因，而道德风险取决于借款人的心智模式，难以定量描述。

（3）非系统的信用风险在很多情况下是由债务人的个人行为或个性造成的，因此量化起来也是比较困难的。

由于信用风险的以上特征，信用风险的度量对主观判断的依赖较强。

3. 信用风险评估

在对信用风险进行度量后，银行需要评估风险对银行的影响。在这个步骤中银行需要结合违约概率和违约损失率，分析贷款信用风险是否和收益相匹配。如果银行的收益不足以补偿所承担的信用风险，则银行需要考虑让企业提供其他的信用支持，如提高质押的比率，要求企业购买信用保险等，否则银行应当采用风险回避的方式。

在信用风险评价中，银行还应当考虑信用风险是否在银行能够承担的风险范围内，即使授信的风险与收益相匹配，但如果贷款的 VAR 等风险指标超出了银行的承受能力，银行也不适于经营这些业务。

4. 信用风险控制

风险控制的方法包括风险回避、风险转移、风险自留、风险补偿、损失控制等。

（1）银行拒绝企业的授信申请是一种最基本的风险回避方法，银行应当根据风险承受能力制定明确的风险回避指引。

（2）风险回避需要有第三方承接。因此一个活跃的信用风险市场是银行便利地采用信用风险转移工具的条件。

（3）风险补偿与风险定价密切相关，而风险定价又与风险度量有关。

（4）损失控制是在出现损失无法避免的情况下，采取有效的措施进行止损。

（四）现代商业银行信用风险管理的量化模型

国际上比较流行的信用风险量化模型主要有：J. P 摩根银行的信用风险度量模型（Credit Metrics）、KMV 公司的 KMV 模型、瑞士银行金融产品开发部的信用风险附加模型（Credit Risk +）以及麦肯锡公司的信用组合模型（Credit Portfolio View）（吴军和张继宝，2004）。

1. 信用风险度量模型（Credit Metrics）

1997 年 J. P 摩根银行提出了 Credit Metrics 模型（王卫东，2003）。它是继 1994 年提出的 Risk Metric 模型之后的又一个重要的风险管理系统。Risk Metric 模型基于 VaR 的市场风险度量系统，而 Credit Metrics 模型则是基于 VaR 的信用风险度量系统。Credit Metrics 模型以历史数据为依据，确定信用等级矩阵和违约时的资产回收率，并以此为基础确定未来该信用资产组合的价值变化，再通过基于 VaR 的方法来计算整个组合的风险暴露。该模型的核心思想是组合价值的变化不仅受到债务人违约的影响，而且也会受到债务人信用等级转移的影响。该模型属于盯市类模型，模型将信用风险与债务人的信用等级转移联系在一起，通过度量资产组合价值来确定信用风险的大小，模型的输出结果是资产组合的风险价值。

信用风险计量法（Credit Metrics）是一种对资产组合风险进行评估的工具，适用于计量由债务人资信质量变化而引起资产组合价值变动的风险。与过去的一些风险计量模型相比，信用风险计量法能够评估的资信质量变动不仅包括违约事件，还包括债务人信用评级的升降；不仅能评估预期损失，还能评估风险价值。更重要的是，它考虑了资产组合中债务人之间资信质量变化的相关程度，便于直接计算组合中资产多样化的收益和过度集中的潜在风险（杨文，1999）。

Credit Metrics 模型在许多方面还不成熟，存在若干尚未解决的技术问题，如模型假定资产收益服从正态分布，它是模型进行模拟的基础，但资产收益的实际分布有待进一步研究。

2. KMV 模型

由著名的风险管理公司 KMV 公司开发，该模型是一种违约预测模型。KMV 模型认为，实际违约概率和历史平均违约率的差异很大，并且对相同信用级别的企业而言也存在很大的差异。Moody 公司采用蒙特卡罗模拟方法进行计算的结果表明，对于一个 BBB 级债务人而言，若资产相关系数为 15%，在 95% 的置信度下，25 年的历史平均违约率为 0.04% ~0.27%，而该债务人的实际违约概率为 13%。从分布上看，实际的违约率低于每个信用级别的历史违约率的平均数。这样，对每个信用级别而言，平均违约率超过了实际违约率。

KMV 是运用现代期权定价理论建立起来的违约预测模型，是对传统信用风险度量方法的一次重要革命。KMV 模型与其他已有的模型一样，仍然存在着不少缺陷。首先，属于静态模型。其次，使用范围有一定的局限性。再次，假设企业的资产价值服从正态分布，以此为基础计算出企业理论上的预期违约率，而实际中，并不是所有企业的资产价值都会呈现正态分布的统计特征。最后，不能够对债务的不同类型进行区分，如偿还优先顺序、担保、契约等类型，使得模型的输出变量的计算结果不准确。

3. Credit Risk + 模型

Credit Risk + 模型是瑞士银行金融产品开发部于 1996 年开发的信用风险管理系统。该模型主要基于保险精算理论的违约式模型，它假定违约率是随机的，可以在信用周期内显著波动，并且其本身是风险的驱动因素。与 Credit Metrics 和 KMV 都以资产价值作为风险驱动因素不同，它只考虑了违约风险，而没有对违约的成因做出任何假设：一个债务人或者以概率 P 违约，或者以

“1 - P” 的概率不违约。通过独立性假设，认为贷款组合的违约概率分布是泊松分布，并以此假定来计算贷款违约率（章彰，2002）。

Credit Risk + 模型与前两个模型的最大不同在于，它只考虑违约与不违约两种情况而不考虑信用级别转移问题，而且该模型假设贷款违约服从泊松分布。具体计算步骤如下：首先，将各项扣除清偿之后的净风险敞口按大小分成几级，每个等级被视为独立的资产组合；其次，每个等级按照违约数服从泊松分布的假设得到一个概率生成函数，整个资产组合的违约概率生成函数由各等级概率生成函数构成；最后，根据概率生成函数得出资产组合的损失分布。

4. 信用组合模型（Credit Portfolio View）

麦肯锡公司在 1997 年提出了 Credit Portfolio View 模型。它是一个宏观因素驱动的多因子模型，主要用于信贷组合风险的分析。该模型根据失业率、GDP 增长率、长期利率水平、汇率、政府支出以及总储蓄率等宏观因素，对每个国家不同行业、不同信用等级的违约和转移概率的联合条件分布进行模拟。该模型基于因果关系，违约概率以及转移概率都与宏观经济紧密相连。当经济状况恶化时，降级和违约概率增加；反之，当经济状况好转时，降级和违约概率则降低（于研，2003）。

Credit Portfolio View 模型也只强调违约，它通过构造离散的多期模型把违约概率看成是宏观变量（如失业率、利率、经济增长周期、汇率等）的函数。

二、供应链金融信用风险管理

（一）供应链金融信用风险分析

供应链金融信用风险是指供应链中的中小企业作为授信方，向银行等金融机构进行贷款，到期无力或不愿偿还其债务而使银行等金融机构遭受损失的可能性。即供应链中的中小企业由于种种原因无力或不愿偿还全部或部分贷款而致使银行或金融机构遭受损失的风险。从风险管理角度看，供应链金融本身就是一种特殊的信用风险管理技术。

1. 传统授信业务下中小企业特点

传统授信业务是基于财务报表的主体企业授信，这种授信模式对核心企业的上、下游配套的中小企业并不合适。因此，在传统授信模式下，对授信的金融机构而言，中小企业对授信者有如下特点：

（1）经营记录不规范，信息披露不真实，使其贷款的信用风险度量和信用风险评价困难。首先，中小企业管理不规范，财务制度不健全，无法提供完整的企业财务信息；其次，由于税务不规范，一般中小企业对经营信息披露较为谨慎；最后，由于采用外部审计的成本过于高昂，而中小企业的贷款规模不大，因此，外部审计对于单位贷款的信息披露成本更高。

（2）授信的成本与收益相比不经济。中小企业贷款数额相对较小，而银行发放每笔贷款的成本差不多，但在相同贷款利率条件下，大额贷款产生的利润是小额贷款的若干倍，加之中小企业信息披露不真实，导致审查和贷后的监督成本过高。因此，在贷款额度相同的情况下，为中小企业贷款的单位交易成本要比大企业的单位交易成本高很多。而这些成本如果通过提高利率方式转移到中小企业，则融资成本有可能超出中小企业的承受能力，带来道德风险和逆向选择问题。

（3）中小企业的非系统风险高于大企业。非系统性风险是指由于企业内部决策行为或企业的特性造成的风险。中小企业不完善的治理结构带来企业决策的随意性，而对少数客户的依赖也导致业务波动性大。此外，由于融资能力低、产品单一、技术含量低，企业的抗风险能力也低。

（4）一般认为，中小企业的违约风险高于大企业。中小企业的贷款额和资产价值的比率相对较高，企业也往往缺少社会品牌的价值。同时，关掉原公司注册新公司，不仅可以获得新企业的税收优惠，还可以掩盖老企业税务等方面的问题，这为违约风险提供了财务合理性。

2. 供应链金融授信业务下中小企业特点

供应链金融对缺少资产抵押、财务报表透明度低、企业规模小的中小企业却十分契合。在供应链金融授信业务下，对授信的金融机构者而言，处于供应链的中小企业有如下特点：

（1）供应链中的交易信息可以弥补中小企业信息不充分、信息采集成本高的问题。供应链金融以企业间真实的交易背景为基础，银行通过来自核心企业的综合信息和供应链成员的交换信息，即可对供应链成员企业的经营状况、资信、盈利能力等作出基本的判断。

（2）供应链成员企业围绕核心企业形成了虚拟的企业联合体，非核心企业的经营状况在很大程度上受核心企业经营状况影响，因此它们的风险水平和一般意义上的中小企业有所不同。从某种意义上说，对成员经营风险的评价应当参考核心企业的经营风险。另外，核心企业对供应链成员企业往往建立了筛选机制，是经营、财务及信用评估的优胜者。因此，供应链中小企业成员的平均信用风险相对低于中小企业整体的信用风险。

（3）供应链融资中每笔交易都有对应的物流与资金流，可以利用它们作为资产支持手段，如货物的质押、应收账款受让等。此外，供应链金融针对的都是单笔交易而非针对企业整体信用，从而避开了从企业的基本面上去控制风险这一“雷区”，在一定程度上实现了授信对主体风险的隔离。

（4）核心企业对供应链成员的准入机制使得对中小企业而言，进入相关产业供应链系统是需要成本的，而且准入资格本身也是一项无形资产。因此，企业会维护这种关系，避免因为贷款违约等事件影响企业的声誉，声誉效应减少了授信中的道德风险。

比较两种授信业务下中小企业的特点可知：在传统授信模式下，中小企业发生风险的概率以及风险所带来的损失成本均高于大企业，而且传统担保方式并不适合中小企业。尽管在传统融资模式下，银行对中小企业收取的平均资费高于大型企业，但如果考虑操作成本和风险成本，对中小企业授信的实际收益远不如大企业。而供应链金融融资模式，通过其结构的设置、合约的安排、各个参与方以及金融创新业务对信用风险的防范，大大地转移和分散了部分信用风险，从而使得以前银行被动地承担风险的局面得以改善，可增加银行收益。

由于融资中信用风险的客观存在，供应链金融中仍然有部分信用风险是需要金融机构来承担的。因此，如何管理和控制信用风险，仍然是供应链金融所要着力应对的。

（二）供应链金融信用风险管理流程

1．信用风险识别

供应链金融信用风险的识别就是要找出造成企业偿还贷款本息违约的因素。影响供应链金融的信用风险包括系统性风险和非系统性风险。

系统性风险是指由于宏观经济周期或行业发展要素发生变化造成行业内大部分企业亏损的情况。在供应链金融中，系统性风险是必须重视的因素，需要指出的是供应链金融的系统性风险更直接地源于供应链本身以及核心企业，因此对于核心企业主导的供应链在行业经济中的竞争地位变化要作出及时的跟踪和评估。

非系统性风险是指因企业自身的经营策略等方面造成的经营风险。供应链中的企业由于与核心企业存在稳定的合作关系，因此非系统性风险有所降低。但是受企业自身的一些特别的非系统性风险如投机性经营（如过度囤货）失败、卷入债务纠纷或涉嫌偷逃税等，将直接影响企业还款意愿与能力。

在信用风险识别过程中，最常用的方法是从还款来源分析贷款的信用风险。在供应链金融中，上下游企业的信用风险也需要根据实际的贸易背景进行评估。供应链金融有预付款、存货与应收款三种基本授信支持性资产，三种资产的还款保障能力不仅取决于违约时银行对这些资产的控制效率，也受到上下游企业的信用状况的影响。主体的资质以及财产的特征在某些情况下也需要考察。因为业务模式的风险强度与企业主体资质之间存在替换关系，即在物流、资金流控制下的授信自偿性保障充分的情况下，企业主体资质的要求可以适当放宽；反之，则应该进一步看重企业主体，包括除授信支持性资产以外的资产。

除了从还款来源分析贷款的信用风险外，道德风险也是信用风险中的一个主要来源。在供应链金融中，道德风险可能有多种表现，如企业以次充好、隐瞒抵质押物的品质问题；应收账款没有按约定回流到授信银行，而授信企业故意不向银行披露；企业将资金挪用到贸易以外的投资领域等。

2. 信用风险度量

在信用风险度量中，要对企业的经营状况进行评估。为减少主观判断的误差，在对信用风险进行度量时可以采用结构化的方法控制评估的质量。结构化有两方面的含义：一是指结构化的分析过程；二是指结构化的指标体系。在供应链金融信用风险度量过程中，对一般企业主体授信信用分析的流程是必不可少的，此外还应增加对供应链交易状态的评估，这应成为首要的分析内容。供应链交易状况评估主要是用来评估企业经营的稳定性、企业的成长性并最终对企业的现金流状况作出评价。

贷款主体评价和债项评价的结合是供应链金融信用风险分析的特点。主体信用评级是在企业现有经营状况的基础上，分析企业未来的整体偿债能力和可能的违约情况，这是一种不针对特定债务的评级。而债项信用评级受到债项偿还次序、贷款条款、贷款资金投向、外部抵押或者担保等因素的影响，在很大程度上度量了企业违约前提下授信收回的概率。因此，供应链金融的信用评估更多地注重债项评级，评估企业为某笔交易进行融资的资金偿还可能性。

3. 信用风险管理方法

信用风险管理方法又称风险对策，指在风险分析的基础上，根据信用风险管理的目标和宗旨，选择信用风险管理的各种工具并进行最优组合，以便有效地处理各种风险。信用风险管理的方法一般分为控制法和财务法两类。

（1）控制法。指在损失发生之前，实施各种控制工具，力求消除各种隐患，减少风险发生的因素，将损失的严重后果降到最低程度。控制法包括避免风险和损失控制。

避免风险是指考虑到风险事件的存在与发生的可能性，主动放弃或拒绝实施某项可能导致风险损失的方案。通过避免风险的方法，能够在风险事件发生之前彻底地消除某一特定风险可能造成的种种损失。

损失控制是指在损失发生之前全面地消除风险损失可能发生的根源，并竭力减少致损事故发生的概率，在损失发生后减轻损失的严重程度。

（2）财务法。是企业单位在损失发生后以经济手段做出对损失的补偿，它包括风险自留与风险转移。

风险自留即自担风险。当某项风险无法避免或由于可能获利而需要冒险时，就必须承担和保留这种风险。这是一种由企业自行设立基金、自行承担风险损失发生后财务后果的处理方式。

风险转移需要有第三方承接。我国信用衍生品市场已经开始发展，除了出口信用险外，国外的很多信用保险机构也开始进入中国。

三、资金约束供应链系统融资信用风险管理的定量模型

当前，在我国运用现代信用风险管理手段实施信用风险管理还缺乏足够的前提条件。因为：首先，在运用模型进行计量时遭遇数据瓶颈。供应链金融的核心价值主要是解决供应链中中小企业融资难题，而中小企业信息披露不真实、财务资料难以收集，甚至已公开的一些大企业的财务数据也存在着失真现象，导致模型的基础数据质量差，造成评级工作流于形式，即便是简单的分析工具也由于数据的质量问题而使分析的结果缺乏可信度。其次，还没有形成一套有针对性的、完整的、可操作性强的风险管理程序。供应链金融起步较晚，且与传统单一主体授信模式不同，这是针对供应链的多主体授信模式，参与主体之间存在较大差异。最后，在风险计量模型的具体运用方面面临着技术专家匮乏的问题。

供应链金融风险管理政策的不配套，也导致了多数银行在供应链金融业务上无法开展或进展程度不大。因此，需要银行依托一套全新的风险评价体系对供应链金融融资主体进行风险评估。国内关于这方面的研究还较欠缺，已有的文献停留在传统的单一主体授信分析和既有的风险管理方法上。本书针对供应链金融多主体授信特点，对融资主体的信用风险运用数据挖掘技术进行风险识别和防范；就动产质押融资模式，针对两个关键的决策参数

给出信用风险管理的决策模型。这对金融机构实施信用风险管理具有重要应用价值。

（一）基于数据挖掘的主体信用风险管理

本节所要研究的融资主体的信用风险管理就是分析这些融资主体一定经营期间内的信誉状况、偿债能力和发展前景，从而对客户的信用水平做出真实、客观、公正的综合评价。

客户信用评价需要运用科学的分析方法将客户各方面的信息加以标准化、数据化，但其中也不乏主观的判断。由于主观判断往往缺乏科学性，因此，定量分析在客户信用评价中的比重将会逐步加大。国内商业银行针对中国实际主要采用以企业的现金流及收益对客户进行评定，运用一定方法预测企业未来的现金流量对客户还款的压力，从而确定客户的信用级别。金融供应链融资产品业务和其他信贷业务一样，客户的资信风险是第一风险，对客户的资信进行评价就必须建立信用评价体系。由于供应链金融融资参与主体众多，融资产品具有自身的特点，需要在一般信用评价体系的基础上，体现其特色。本书以经销商融资为例，利用描述性数据挖掘给出低还款能力（以下称为高还款风险）经销商的特征属性，为金融机构识别授信企业信用风险、进行有效信用风险控制提供参考依据。

1. 数据挖掘技术

数据挖掘是一种新的商业信息处理技术，其主要特点是对商业数据库中的大量业务数据进行抽取、转换、分析和其他模型化处理，从中提取辅助商业决策的关键性信息（张云涛和龚玲，2004）。随着信息化的普及和第三方物流的发展，许多大型物流公司积累了大量经销商的相关数据信息，分析、利用如此海量的数据正是数据挖掘技术的用武之地。在这一方面，国内学者已经做了许多工作，陈安等（2000）陈述了把数据挖掘技术应用到供应链管理中去的意义。陆锦洪和陈畴镛（2002）把数据挖掘方法用于供应链合作伙伴的选择上，在选取评价指标和计算权重系数后用聚类分析和神经网络方法来做资料处理。

数据挖掘一般可以分为预测性挖掘和描述性挖掘两类。预测性挖掘在当前数据上进行推断，以进行预测。描述性挖掘则刻画数据库中数据的一般特性，并将挖掘结果以简洁概要的方式进行描述，提供数据的有趣的一般性质。概念描述是描述性数据挖掘中最常用的类型，它产生数据的类特征描述。在描述性数据挖掘中，为确定哪些属性应当包含在类特征分析中，通常采用维相关分析方法（Han and Kamber，2006）。采用描述性数据挖掘方法挖掘具有高还款风险经销商的特征属性，主要包括：①收集目标类数据；②通过属性删除和概化进行预相关分析；③使用选定的相关分析度量，删除弱相关或不相关属性；④合并元组；⑤结果映射。

2. 经销商融资的信用风险分析

经销商位于供应链的下游，一方面，其贸易的真实可靠程度较高，可以作为担保物的实物和产品也较多，风险相对较低，大多金融机构都愿意在此阶段提供金融服务；另一方面，经销商由于账款回收需要时间，却又急需大量的资金进行批量订货，以便得到较多的商业折扣，因而，资金的需求会较旺盛。对金融机构而言，经销商的最大价值在于能够获得核心企业的供货并通过货物销售来回流现金，因而经销商往往可以通过存货质押融资来获得贷款。从申请融资的对象看，主要是生产商和大型的批发商。从实际的授信对象看，不是生产商而是与其相关的一系列经销商。换言之，银行与生产商之间的合作是一种战略联盟，而真正需要融资的是各个经销商（程剑鸣和孙晓岭，2006）。在具体操作过程中，商业银行先针对生产商推荐的各个经销商进行逐个的资信调查，以客观、合理地分配授信额度。然后经销商利用银行融资进行批量订货，以便得到商业折扣，销售回笼资金再存入商业银行，用于偿还银行的融资本息。如果经销商无法完成销售导致无法偿还借款，银行将按照法定程序处分抵押物，处分的款项用于偿还银行的融资本息。如果前者大于后者，银行将退还多余资金给经销商；如果款项少于本息，银行将继续追索经销商。

这种贷款操作方式能够在一定程度上解决中小企业融资问题，弥补企业流动资金的不足。处于供应链的经销商，违约成本相对较高，如果在各方都讲诚信、企业经营流动性较好并足以偿还贷款的假定情况下，这类贷款风险是可控的，形成不良的可能性很小。但也应该认识到这类贷款中也隐藏着许多风险隐患，如经销商的信用风险。经销商的资信状况是银行信用第一还款来源的重要保证，虽采取动产质押的保证方式，但借款人终端销售产品的价格、销售渠道、货款周转速度以及以往履约情况仍是贷款银行应该关注的问题。因此，在发放贷款前要对借款人进行详细的风险评估，识别不同还款能力经销商，对控制经销商信用风险具有重要意义。

3. 具有高还款风险经销商的特征属性识别

按照描述性数据挖掘的基本步骤，给出具有高还款风险经销商的特征属性的识别过程分析。

（1）收集目标数据。由于要考察的是具有高还款风险经销商的特征属性，因此，目标类数据由经销商的集合组成。以软件销售公司为例，所收集的软件经销商分处于 5 个不同省市，收集、整理所得数据库的主要属性如表 6.1 所示。

表 6.1　经销商基本信息数据库字段表

字段名	取值
销售地点	省份/城市名
注册资本	50 万元以下、50 万元以上，100 万元以下、100 万元以上
经销商企业规模	大型、中型、小型、
销售方式	区域销售、售前销售、网络/电话销售
销售季节	春、夏、秋、冬
银行资信等级	A、B、C
销售业绩	按合同价格计算，单位万元
还款风险	高、低
…	…

（2）预相关分析。在这一阶段可以进行简单的数据清理工作。由于考虑的是一组具有高还款风险经销商的特征属性，经销商的名称与特征属性无关，在表 6.1 中没有给出。对于销售季节，并非研究某年的销售情况，四季都不可或缺，研究该属性的意义也不大，可以删除该属性。如果某个属性有大量的不同值，通过考察任务相关数据中每个属性的不同值的个数，进行概化操作。经过预相关分析，对于样本集表 6.2 给出了部分经销商的销售信息。

表 6.2　经销商基本信息表

销售地点	销售方式	经销商企业规模	银行资信等级	销售业绩（万元）	注册资本（万元）	还款风险
福建	区域	中型	A	200	70	低
江西	网络/电话	大型	A	20	100	高
江西	区域	小型	B	30	20	高
上海	售前	中型	C	300	50	低
湖北	售前	大型	B	200	60	高

续表

销售地点	销售方式	经销商企业规模	银行资信等级	销售业绩（万元）	注册资本（万元）	还款风险
福建	网络/电话	中型	A	100	70	低
江西	网络/电话	小型	A	15	80	高
南京	售前	大型	D	50	90	高
南京	售前	大型	B	150	40	低
湖北	区域	中型	C	60	30	高
湖北	区域	小型	A	10	40	高
上海	售前	小型	B	10	20	高

（3）属性相关分析。表中收集的属性包括销售地点、经销商企业规模等，然而并非所有属性都和“还款风险”相关，即不一定都是造成还款风险较高的原因，采用信息增益方法能找出弱相关或不相关属性，为特征属性选择提供可靠依据。

1）信息增益度量。为便于讨论，先给出信息增益度量的数学表示。

假设 S 是训练样本集，其中每个样本的类标号是已知的。事实上，每个样本是一个元组，一个属性用于确定训练样本的类。例如，还款风险可以用于定义每个样本的类标号或者是“低”或者是“高”。假定有 m 个类，设 S 包含 s_i 个 C_i 类样本，$i=1$，2，…，m。一个任意样本属于类 C_i 的可能性是$\frac{s_i}{s}$，其中 s 是集合 S 中对象的总数。对于一个给定样本分类所需的期望信息是：

$$I(s_1, s_2, \cdots, s_m) = -\sum_{i=1}^{n} \frac{s_i}{s}\log_2 \frac{s_i}{s} \qquad (6.1)$$

具有值 $\{a_1, a_2, \cdots, a_v\}$ 的属性 A 可以用来将 S 划分为子集 $\{S_1, S_2, \cdots, S_v\}$，其中 S_j 包含 S 中 A 值为 a_j 的那些样本。

设 S_j 包含类 C_i 的 s_{ij} 根据 A 的这种划分的期望信息称作 A 的熵。它是加权平均：

$$E(A) = \sum_{j=1}^{v} \frac{s_{1j} + s_{2j} + \cdots + s_{mj}}{s} I(s_1, s_2, \cdots, s_m) \qquad (6.2)$$

则 A 上该划分获得的信息增益 $Gain$（A），记为：

$$Gain(A) = I(s_1, s_2, \cdots, s_m) - E(A) \qquad (6.3)$$

对所求的 $Gain$（A）设定一最小增益阈值，若 $Gain$（A）小于该设定的阈值，可将属性 A 视为弱相关或不相关属性进行属性删除。

2）属性信息增益计算。设类 C_1 表示还款风险 = 低，类 C_2 表示还款风险 = 高，根据表 6.2 给出的经销商信息，S 分别包含 4 个 C_1 类样本和 8 个 C_2 类样本，由式（6.1）可得：

$$I(s_1, s_2) = I(4, 8) = \frac{4}{12} \times \log_2 \frac{12}{4} + \frac{8}{12} \times \log_2 \frac{12}{8} = 0.918$$

再由式（6.2）可计算各不同属性的熵：

$$E(\text{销售地点}) = \frac{2}{12} \times I(2,0) + \frac{3}{12} \times I(0,3) + \frac{2}{12} \times I(1,1) + \frac{2}{12} \times I(1,1) + \frac{3}{12} \times I(0,3) = 0.333$$

$$E(\text{经销商企业规模}) = \frac{4}{12} \times I(1,3) + \frac{4}{12} \times I(3,1) + \frac{4}{12} \times I(0,4) = 0.5406$$

$$E(\text{注册资本}) = \frac{7}{12} \times I(2,5) + \frac{5}{12} \times I(2,3) = 0.908$$

$$E(\text{销售方式}) = 0.9045$$

由式（6.3）可求得各属性的信息增益：

Gain（销售地点）= 0.918 − 0.333 = 0.585

Gain（经销商企业规模）=0.918－0.541=0.377

Gain（注册资本）=0.918－0.908=0.010

Gain（销售方式）=0.918－0.905=0.013

3）弱相关或不相关属性删除。根据信息增益度量方法，对经销商数据集求出的各属性信息增益分别为0.585、0.377、0.010、0.013。其中具有高信息增益的属性是给定数据集中的最优特征属性，如“销售地点”。相反低信息增益的属性意味着选择该属性后，将使得分类信息的熵值最大，伴随信息的不确定性也越大，因而具有弱相关性或不相关性。例如，“销售方式”的信息增益度最小，属弱相关性或不相关属性。

设定一个最小信息增益阈值，以作为依据，对不相关或弱相关的属性进行删除。如本例中将用于识别弱相关属性的最小信息增益阈值设为0.05，对于“销售方式”和“注册资本”两个字段，由于其信息增益分别为0.013和0.010均小于0.05，故可以将这两个字段删除。

4）合并元组。对收集数据进行属性删除后，合并相同元组、归纳出一组具有高还款风险经销商的特征便容易实现了。具体操作如下：除数值字段“销售业绩”外的其他所有字段，将字段取值相等的记录合并，并将“销售业绩”字段的值进行累加，然后进行结果输出。输出的结果能清楚地反映出一组具有还款风险经销商的特征，从中可以看出特征属性与风险事件的关联。

5）结果映射。对于挖掘的结果可以采用交叉表给出，也可以采用图的形式表示，如条形图、饼图等，还可以采用数据立方体视图表示。为了简化输出结果或者对某些属性进行重点分析，可以单独抽取属性进行分析。如可以选择经销商数据中的“经销地点”单个属性与风险事件进行重点分析，从属性取值结果可以看出还款风险主要来自“经销地点”为“江西”“湖北”的经销商，还款风险最低的是“经销地点”为“福建”的经销商，从区域分布来看，中部地区企业还款风险明显高于东部地区企业。主要因为资金具有逐利性和避险性，1990～2005 年，银行贷款在全国所占比重呈现下降趋势的省（区、市）有 7 个，大都在中部地区，这也说明中部地区是我国金融高风险区（王凤荣，2006）。从经销商所在企业规模来看，大型企业和小型企业的还款风险较中型企业的还款风险要高，可能在软件销售行业，中型企业较大型企业虽然抗风险能力差，但运作更容易，而较小型企业抗风险能力又更强。

4. 经销商信用风险控制

针对经销商所带来的供应链金融风险，金融机构采取的控制措施主要有：选择具有行业优势的经销商；对经销商的市场表现进行监控；对还款风险不同的经销商采取不同的贷款利率政策。本书利用属性相关分析进行相关属性选择，挖掘出一组具有高还款风险的经销商的特征属性。金融机构可据此识别具有高还款风险经销商，并制定不同的贷款利率进行金融风险控制。如中国银行所采取的低风险低利率，高风险高利率的贷款利率政策，同时参考企业信用等级制定不同利率：对信用等级为 AAA、AA、A 级的中小企业，贷款利率一般不低于法定利率；对信用等级为 BBB、BB、B 级的中小企业，贷款利率一般不低于法定利率上浮 10%；对信用等级为 CCC 级及以下的中小企业，贷款利率一般不低于法定利率上浮 20%，最高可至法定利率上浮 30%。这样可保证金融机构在开展金融业务创新的同时，有效控制金融风险，防患于未然。

风险控制是金融机构的必修课，随着供应链金融业务的不断开展，其风险控制研究将备受关注。利用描述性数据挖掘识别具有高还款风险经销商的特征，能克服人为经验因素带来的不确定性，对进一步提高我国金融机构的风险管理水平具有重要的现实意义。

（二）生产运营融资信用风险防范及其定量决策模型

针对供应链系统生产运营的融资需求，本书在第五章中运用供应链金融创新业务进行了系统融资构架，并在第六章中对两种典型融资业务分别进行了完全信息下和不完全信息下的银企静态、动态的博弈分析，从契约论角度分析了供应链金融风险形成的原因。本节将从风险管理角度出发，进一步分析两种典型金融产品信用风险，然后以应收账款质押融资金融产品为例，给出其信用风险管理的定量决策模型。

1. 应收账款质押融资的信用风险防范

在应收账款质押融资中，企业违约的因素种类繁多，具体表现为客户企业资信风险、转移账款风险、内部欺诈风险、应收账款坏账风险、市场变动风险和操作风险。

（1）客户企业资信风险。应收账款质押融资产品要考察的对象包括了债权企业和债务企业，债权企业是融资企业。债务企业是第一还款来源，其能及时付款是贷款收回的重要保证，因而，债务企业的还款能力和信用直接影响这类业务的顺利开展，是考察的重点。采用应收账款进行质押的企业在供应链中通常处于弱势地位，因而债务企业应选择规模大、资信好、效益高或发展前景好的企业。

（2）转移账款风险。主要指应收账款没有按照约定路径回流到授信银行，而授信企业也不向银行披露。在实践中可以采用变通的做法，银行要求融资企业出具《应收账款质押账户收款承诺书》。同时在《应收账款质押合同》中明确银行有权查阅融资企业应收账款的原始凭证及相关账目，以确认其提供的应收账款清单的真实性。融资企业也可以向银行提供在客户企业网站上的编号和密码，以便银行在客户企业网站上查询公布的应收账款情况，与该融资企业提供的清单进行核对（刘萍，2009）。

（3）内部欺诈风险。内部人员作案或者内外串通作案会给银行带来很大的损失。这种欺诈行为在审贷和收款环节均可能发生，如果管理不规范，很难进行监控。防范此类风险除了管理制度、检查制度的完善和有效执行外，银行还应借助有效的管理监督手段，如采取计算机管理系统辅助业务操作，使业务操作流程化、透明化，保证业务活动可追溯，减少人为的随意性。

（4）应收账款坏账风险。在贷款期限内，如该企业的应收账款在贷款期限内发生重大变化，银行贷款的安全性就难以得到保证。因此在业务操作过程中应明确付款人，同时规定如遇特殊原因，应收账款坏账一旦发生，融资企业应及时采用其他付款方式或者变更客户企业进行还贷。使用其他客户企业的应收账款还贷的，需事先征得银行的书面同意。

（5）市场变动风险。指由于债务企业的产品市场变动带来还款的困难或者由于融资企业上游产品市场变动带来的生产风险，如投机性经营失败、卷入债务纠纷，都会最终影响还款人的还款意愿与能力，引起银行收款的风险。控制的办法是加强风险预警系统建设，对市场的变动及时做出相应的针对企业的对策。

（6）操作风险。供应链金融在授信调查方面与传统流动资金贷款的主体信用调查差异较大，专业化要求较高，而且各银行均尚未正式出台应收账款质押贷款的操作规程，各项业务也具有特性，实际操作中需要灵活处理，难免存在人为失误，带来还款风险。因此，在授信合同、协议以及操作流程设计上必须保证在可操作性前提下杜绝明显漏洞。

2. 存货质押融资的信用风险防范

存货质押融资中企业违约的因素具体表现为客户资信风险、提单风险、内部欺诈风险、质物变质风险、市场波动风险、仓单风险和操作风险。

（1）客户资信风险。存货质押融资由于有真实的物品作为担保，所以对客户资信等级、偿债能力的考察相对简单一些，只要侧重考察企业的业务能力（市场销售能力、以往销售情况）和质物的合法性。后者指的是融资企业提供的质物应该具有相应的物权，而不是有争议的、无法行使质权的或者通过走私等非法途径取得的物品。此外，应特别防止授信人恶意将已经销售货物提供给银行作为抵质押物。

（2）提单风险。指虚假提单影响企业还款意愿与能力，而造成银行损失的风险。提单风险是仓储企业开展业务遇到的经常性风险。防止虚假提单造成损失是仓储企业控制风险的重点。在存货质押融资业务中，仓储企业可以利用带密码的提单在提货时进行密码确认，防止假提单的风险。对于同一仓单项下的货物在不同时间提取，要依据银行和借款人签订的“专用仓单分提单”释放，而且企业在要求释放全部或部分货物时要在监管账户中交付相应的保证金。

（3）质物变质风险。容易挥发、爆炸、渗漏、易霉变、易氧化等货物特性均构成质押物价值减损的额外风险，此类产品银行应谨慎接受。此外，对于更新换代快的电子类产品，时间折旧特征明显，银行应结合赊货期限的控制，谨慎介入。

（4）市场变动风险。价格波动剧烈的商品不宜作为质押物。价格波动增加了银行价格盯市的工作量，加之，若客户违约货物处置需要一定时间，如果市场价格下跌，会造成质物价值缩水。为控制此类风险，银行应对客户约定跌价补偿条款，如价格对比核定价格下跌10%以上，客户必须以补保证金或补货方式追加质押，以保证动态质押率随时符合银行授信的初始要求。

（5）仓单风险。虽然仓单的应用已经拓展到现货交易、资金融通领域，但是由于仓单市场在我国刚刚步起，其流通机制、标准化以及相关法律法规等方面都需要进一步研究和积累。所以基于仓单的库存质押融资业务，仓单的风险是最不确定和值得研究的问题。

（6）操作风险。库存质押融资产品需要仓储企业和银行之间的相互协作配合，业务流程相对复杂，其中的操作风险包括仓储企业或者银行内部操作失误的风险以及仓储企业与银行之间业务衔接操作失误的风险。要防范此类风险就要求企业有健全的管理制度和先进的管理工具。

3. 应收账款质押融资信用风险管理的定量决策模型

供应链金融产品主要是以动产作为质押物进行的贷款，因此，质押率与贷款期限的制定是企业信用风险管理的关键环节。但多数研究只是介绍性地说明如何进行信用决策的定量分析，并未给出具体的定量分析模型。本书以应收账款质押融资为例，按风险与收益匹配原理，在信用风险管理决策模型中将信用风险进行计量，给出企业信用风险管理的定量决策模型。通过模型衡量企业扣除风险成本后的收益，以此为依据对贷款质押率进行调整，达到对企业收益的调整。

（1）融资服务的决策参数。

1）质押率。通常是指贷款额与质押品评估价值的比率。应收账款质押率则指贷款额和应收账款金额之比。设定质押率一方面是为了防范违约风险，另一方面是为了弥补他们在借款人违约后弥补损失和处理质押品过程发生的成本。质押率的确定受到应收账款金额、实物交易量、融资企业和还款企业经营状况等诸多因素的共同影响，不同行业的企业贷款其质押率的设定也不尽相同。参照我国银行的有关规定，质押率最高不宜超过 80%，质押贷款的最高额度为质物现值 × 质押率。

2）贷款期限。其长短主要需要考虑贷款风险管理、融资企业资产流动性匹配等因素。应收账款贷款期限要根据所质押应收账款的付款期来确定，一般应与应收账款的付款期大体相当或略晚。应收账款质押融资属于短期融资，一般为 30 天、60 天或 90 天，贷款期限最长不超过 1 年。

（2）融资服务的决策分析。动产质押业务对中小企业或银行双方都有一个融资成本的问题，这就是动产质押率和贷款期限的确定。商业银行在平衡可行性与稳健性方面如何设定合理的质押率和贷款期限，将是银行成功获得融资服务利润、供应链增加收益和竞争力的关键。以下内容参考了殷明和崔毅（2002）的相关研究。

（3）融资服务的定量决策模型。商业银行的决策依据同样要满足“计入信用风险的税前利润大于企业预期的税前利润”这一要求。在计入信用风险的税前利润，考虑融资服务的信用风险成本，因此，融资服务的决策内容主要是对商业银行质押融资中的决策参数（质押率 x 与贷款期限 y），讨论其不同的组合范围。

将信用风险计入企业收益，表示如下：

计入信用风险的税前利润 = 企业净收入 - 变动成本 - 固定成本 - 信用风险成本 (6.4)

其中，信用风险成本 = 应收账款占用资金机会成本 + 应收账款管理费用 + 坏账损失成本 (6.5)

将信用风险成本展开，同时对成本费用采用管理会计的成本习性分解则可得到：

计入信用风险的税前利润 = 销售净收入 - 变动成本 - 固定成本 - 应收账款占用资金机会成本 - 应收账款管理费用 - 坏账损失成本 (6.6)

这里，企业净收入指商业银行进行该笔质押融资服务的收入。设该笔应收账款为 S，则：

企业净收入 = $r \times S \times x$

变动成本 = 应收账款 × 产品平均单位变动成本 = $Q \times V = S/P \times V = S \times v$

占用资金机会成本 = 占用的资金 × 资金（机会）成本率 × 资金占用的时间 = $S \times x \times v \times (k/12) \times y$

应收账款管理费用 = 应收账款 × 应收账款管理费用率 = $x \times S \times m$

坏账损失成本 = 应收账款 × 应收账款坏账率 = $x \times S \times h$

上列公式中，v 为变动成本占销售收入的比率、k 为资金机会成本率、m 为应收账款管理费用率、h 为应收账款坏账率。

将各数值代入式（6.6）可得：

计入信用风险的税前利润 = $(r \times S \times x) - (S \times v) - FC - (S \times x \times v \times k \times y/12) - (x \times S \times m) - (x \times S \times h)$ (6.7)

由模型决策依据：计入信用风险的税前利润 > 企业预期的税前利润（EBT），即得企业信用决策定量模型：

$$x < (EBT + sv + FC)/S(m + h + vky/12 - r) \qquad (6.8)$$

在该模型中，x 与 y 为决策变量，其余为决策参数，模型的解为（x，y）组合的值。由于企业可以选择不同的贷款期限 y，从而对应了不同的质押率 x，即该模型将存在多个组合解。每一组合解，对应一次决策。

（4）融资服务决策模型中的参数确定。对于固定成本 FC、预期的税前利润 EBT、变动成本占销售收入比率 v 以及应收账款管理费用率 m 的确定，若企业有执行全面预算管理，上述 6 个参数的取值可依照预算值确定；若企业没有执行全面预算管理，则上述 5 个参数的取值可依照历史平均值确定。

对于贷款利率，由于中小企业所持有的特殊的风险因素，银行提供的贷款利率高于同期基准贷款利率的 30% ~70%，具体的贷款利率需要考虑融资企业的信贷能力、关联企业的偿付能力等。银行提供贷款利率是在中国人民银行规定的利率基准上，加上银行在可调整的利率范围。因此，中小企业的融资成本较高。

对于应收账款占用资金机会成本 k 的确定，是指该资金可以用来投资其他项目，此时资金机会成本即为银行的投资报酬率（资产利润）。从财务稳健角度出发，建议取公司放贷的利率与公司投资报酬率两者较大者作为应收账款占用资金机会成本。

至于应收账款坏账率 h% 的确定，从财务稳健出发，可用应收账款坏账准备来计算应收账款坏账率。在实际运作中，应收账款质押融资信用期一般不超过 12 个月。同时，通常上市公司对账龄在 1 年内的应收账款所提取坏账准备的比率平均为 5%。因此建议应收账款坏账率为 5%。企业可根据自身的实际情况以此为基点进行相应的调整。

（5）信用决策定量模型应用实例。假设某公司信用决策参数分别为：S = 10000000，FC = 900000，EBT = 400000，d = 10%， v = 75%，m = 1%，k = 6.5%，h = 5%。将这些参数代入式(6.8)，可以得到不同的质押率和贷款期限的组合（x，y）：(31.2%，1)、(29.4%，2)、(27.7%，3)、(26.2%，4)、(24.9%，5)、(23.7%，6)、(22.6%，7)、(21.6%，8)、(20.7%，9)、(19.9%，10)、(19.1%，11)、(18.4%，12)。当企业选择的贷款期限为半年时，其质押率不应超过23.7%。

可见，金融机构通过该模型的应用可以得出关于信用决策变量（质押率x与贷款期限y）的不同组合范围，从而可以此范围值的界限为依据进行信用风险管理决策。

四、本章小结

本章从风险管理角度出发，进一步分析供应链金融中的信用风险问题，给出信用风险管理的定量模型。

首先，系统地介绍了信用风险管理的基本概念，阐述现代商业银行信用风险管理的量化模型，分析供应链金融信用风险的特点；其次，针对融资主体的信用风险，运用数据挖掘技术进行信用风险识别和防范；最后，就动产质押融资模式，针对两个决策参数，给出信用风险管理的决策模型。

第七章
总结与展望

一、研究总结

供应链管理自产生以来一直集中于物流、信息流层面。20 世纪末，越来越多的企业家和学者们发现，供应链部分节点的资金流瓶颈带来的“木桶短板”效应，实际上部分抵消了市场的“成本洼地”配置所带来的最终成本节约，并由此带来资金约束供应链问题管理的价值发现和供应链管理重心的延伸。国内外的研究正从强调这种理念的实践和提出相关的业务操作模式向理论化、系统化、定量化方向拓展。我国对这一问题进行系统化分析研究的成果不多，本书运用系统的思想对资金约束供应链问题的产生机理以及控制机制进行了研究。首先系统分析了资金约束供应链的产生来源、后果，其次根据资金约束的系统来源因素进行了系统融资设计，最后对融资设计分析了供应链的集成效应，并针对系统融资的金融风险管理进行了定量分析，从而弥补了国内这方面研究的不足。

本书一直沿着供应链参与主体及其生产运营两个维度系统展开论述。第一章简要回顾了资金约束供应链问题的研究背景及其发展现状，给出了研究框架。第二、第三章将供应链看作系统，研究了系统特性及其组成，并以核心企业的生产、销售需求作为系统目标，给出了资金约束供应链的定量描述以及资金约束供应链的系统模型，以区别于资金作为资源的稀缺性；然后系统分析了资金约束供应链的产生来源、后果，由此构建了资金约束供应链的成长上限基模。同时，运用系统学中的基本原理，将资金流看作供应链系统技术水平的显著影响变量，定量分析了资金约束所带来的“短板”效应。第四章从供应链系统角度出发，从主体和生产运营两个维度进行系统融资设计，以有效解决资金约束供应链问题。针对系统融资设计，给出了供应链系统融资集成效应模型，对供应链系统融资绩效进行了直观描述。第五、第六章主要研究供应链系统融资金融风险问题。首先运用博弈理论分析了系统融资违约产生的微观机理，并以两种典型的供应链金融融资模式：应收账款质押融资模式以及存货质押融资模式为例，研究信号传递博弈模型在供应链应收账款质量评估中的作用，以及声誉效应在供应链存货质押融资中的激励作用。对于信用风险管理，本书运用数据挖掘技术给出了经销商信用风险的识别与防范研究，对动产质押中的应收账款质押融资风险管理给出了定量决策模型。

二、进一步研究方向

围绕着研究的主线，仍然存在着进一步的工作：

第一，在讨论资金约束供应链的系统影响效应与系统融资的集成效应时，仅给出了系统的基模结构，进行了定性分析，实际上可以选择一些绩效指标（如分销商的周平均缺货量）对供应链是否存在资金约束进行系统仿真研究。

第二，在供应链系统融资解决方案下，还可以进一步进行针对收益管理研究融资产品的定价、3PL 企业的价值，应用期权定价方法对期权契约进行优化、考虑资金时间价值情况下的供应链契约设计等。

第三，风险管理部分还可以设计针对供应商的信用风险管理模型，以及其他融资服务模式的风险定量决策模型。

第四，由于供应链融资在我国才刚刚起步，只有少数几家大银行如深发展、浦发等涉足此项业务，遗憾之处是实际应用案例研究不足，这也是今后需要努力的方向。

参考文献

[1] Lee H L. Padmanabhan V, Whang S. The bullwhip effect in supply chains [J]. Sloan Management Review, 1997, 38 (3): 93 - 102.

[2] Lee H L, Padmanabhan V, Whang S. Information distortion in a supply chain [J]. Operations Research, 1997, 43 (4): 546 - 558.

[3] Demica. Steady Supply, The growing role of supply chain finance in a changing world [D]. Demica Report Seris, January, 2007.

[4] Aon. Global Risk Management Survey [D]. 2007.

[5] 陈乃醒，傅贤治．中国中小企业发展报告（2006 - 2007）[D]. 北京：中国经济出版社，2007.

[6] 谢江林，何宜庆，陈涛．供应链资金约束成长上限基模分析及对策研究 [J]. 企业经济，2008（5）：18 - 20.

[7] UPS Capital. Global Supply Chain Finance [D]. March, 2007.

[8] 徐文丽．中小企业融资难：中国经济发展的瓶颈之一 [J]. 探索与争鸣，2004（12）：30 - 31.

[9] 肖文君．研读中小企业融资困境与出路 [J]. 2006（12）：105 - 106.

[10] Modigliani F, Miller M. The cost of capital, corporation finance and the theory of investment [J]. America Economic Review,

1958, 48 (3): 261 -279.

[11] Kraus A, Litzenberge R. A state preference model of optimal financial leverage [J]. Journal of Finance, 1973 (28): 911 -921.

[12] Scott J. A theory of optimal capital structure [J]. Bell Journal of Economics and Management Science, 1976 (1): 33 -54.

[13] Brenna and Schwartz E. Corporate income taxes, valuation, and the problem of optimal capital structure [J]. Journal of business, 1978 (51): 103 -114.

[14] Jesen and Mechling W. Theory of the firm: managerial behavior, agency costs and ownership [J]. Journal of Financial economics, 1976 (33): 45 -64.

[15] Miller M. Debt and taxes [J]. Journal of Finance, 1977 (32): 261 -275.

[16] DeAngelo H, Masulis R. W. Optimal capital structure under corporate and personal taxation [J]. Journal of Financial economics, 1980 (8): 3 -29.

[17] Castainsa R. Bankruptcy risk and optimal capital structure [J]. Journal of Finance, 1983 (38): 1617 -1637.

[18] Levaggi R. Optimal procurement contracts under a binging constraint [J]. Public Choice, 1999 (101): 23 -37.

[19] Che Y K, Gale I. The optimal mechanism for selling to a budget - constrained buyer [J]. Journal of Economic Theory, 2000 (92): 198 -233.

[20] Thomus L. Non - linear pricing with budget constraint [J]. Economic Letters, 2002 (75): 257 -263.

[21] Cashon P G. The allocation of inventory risk in a supply

chain: Push, pull, and advance - purchase discout contracts [J]. Management Science, 2004, 50 (2): 222-238.

[22] Yano C A, Lee H L. Lot sizing with random yields: A review [J]. Operational Research, 1995 (43): 311-334.

[23] Hariga M, Haouari M. An EOQ lot sizing model with random supplier capacity [J]. International Journal of Production Economics, 1999 (58): 39-47.

[24] Gullu R, Onol E, Er kip N. Analysis of an inventory system under supply uncertainty [J]. International Journal of Production Economics, 1999 (59): 377-385.

[25] Gavimeni S, Kapuscinsk R, Tayur S. Value of information in capacitated supply chains [J]. Management Science, 1999, 45 (1): 16-24.

[26] Lee H L, Billington C. Supply chain management: Pitfalls and opportunities [J]. Sloan Management Review, 1992, 33 (Spring): 65-73.

[27] Lee H L, Padmanabhan V, Whang S. Information distortion in a supply chain [J]. Operations Research, 1997, 43 (4): 546 - 558.

[28] Moinzadeh K, Aggarwal P K. An information based multiechelon inventory system with emergency orders [J]. Operations Research, 1997, 45 (5): 694-701.

[29] Chen F. Echelon reorder points, instalation reorder points, and the value of centralized demand information [J]. Management Science, 1998, 44 (12): 221-234.

[30] Cashon P G, Fisher M. Supply chain inventory manage-

ment and the value of shared information [J]. Management Science, 2000, 46 (8): 1032 -1048.

[31] Cashon P G. Supply chain coordination with contracts [M] // the handbooks in operations research and management science: Supply chain management. Elsevier: North - Holland, 2002.

[32] Graves, Ton de Kok. Supply Chain Management: Design, Coordination and Operation [M]. North - Holland, 2003.

[33] Buzacott J A, Zhang R Q. Inventory management with asset - based financing [J]. Management Science, 2004, 50 (9): 1274 -1292.

[34] Adolfo Crespo Marquez, Carmine Bianchi, Jatinder N. D. Gupta. Operational and financial effectiveness of e - collaboration tools in supply chain integration [J]. European Journal of Operational Research , 2004, 10 (4): 254 -262.

[35] Caldentey R, Martin B. Haugh. Supply contracts financial hedging [M]. Working Paper, Columbia University, New York, 2005.

[36] Cadentey R, Chen X F. Financing service and supply chain contracting [R]. Working Paper, Stem Schol of Business in New York University, 2007.

[37] Birge J R, Zhang R Q. Risk - neutral option pricing methods for adjusting constrained cash flows [J]. Engineering Economist, 1999, 44 (1): 36 -49.

[38] Xu X D, Birge J R. Join production and financing decisions: Modeling and analysis [R]. Working Paper. the University of Chicago Graduate Schol of Business, 2004.

[39] Ding Q, Dong L, Kouvelis P. On the integration of pro-

duction and financial hedging decisions in global markets [J]. Forthcoming in Operations Research, 2005.

[40] Dong L, Kouvelis P, Su P. Operational hedging strategies and competitive exposure to exchange rates [R]. Working Paper, Olin Schol of Business, Washington University, 2006.

[41] Chen X F, Ying W J. Financing service for the health – sector supply chain [R]. Working Paper Series, Stem Schol of Business in New York University, 2007.

[42] Gonzalo Guillen, Mariana Badell. A holistic framework for short – term supply chain management integrating production and cooperate financial planning [J]. Production Economics, 2006 (7): 25 – 27.

[43] Leora Klapper. The Role of "Reverse factoring" in supplier financing of small and medium sized enterprisess [R]. World Bank, September, 2004: 102 – 103.

[44] Coulter J, Onumal G. The role of warehouse receipt systems in enhanced commodity marketing and rural livelihoode in Africal [J]. Food Policy, 2002 (27): 319 – 337.

[45] Christa Hainz. Bank competition and credit markets in transtition economics [J]. Journal of Comparative Economics, 2003 (31): 223 – 245.

[46] Allen N Berger, Gregroy F Udell. A More Complete Conceptual Framework for SME Finance [C]. World Bank Coference on Small and Medium Enterprises: Overcoming Constraints, MC 13 – 121, October, 2004: 14 – 15.

[47] 曲迎波. 中小企业融资难：社会的关注与现实的制约

[J]. 金融与保险，2007（3）：65－68.

［48］应雯珺，仲文娜．融通仓模式在解决供应链资金约束问题中的应用［J]. 物流技术，2006（11）：66－67.

［49］陈祥锋，朱道立，应雯珺．资金约束与供应链中的融资和运营综合决策研究［J]. 管理科学学报，2008，11（3）：70－78.

［50］段佳国．关联策略：解决中小企业融资问题的新思路［J]. 经济与管理，2004，18（8）：44－45.

［51］唐少艺．物流金融实务研究［J]. 内蒙古煤炭经济，2005（35）：13－17.

［52］李碧珍．融通仓：中小企业融资的新思路［J]. 商业经济，2005（3）：101－105.

［53］于洋，冯耕中．物资银行业务运作模式及风险控制研究［J]. 管理评论，2003，15（9）：45－50.

［54］罗齐，朱道立，陈伯铭．第三方物流服务创新：融通仓及其运作模式初探［J]. 中国流通经济，2002（2）：11－14.

［55］吴英杰．关于仓储质押业务的几点思考［J]. 东北财经大学学报，2004，31（1）：36－39.

［56］曾文琦．关于仓单质押贷款业务的分析与实现研究［J]. 中国西部科技，2005（6）：77－79.

［57］郭涛．中小企业融资的新渠道［J]. 经济师，2005（2）：18－20.

［58］张家良．论应收账款质押担保所涉及的法律问题［J]. 西南金融，2004（2）：25－27.

［59］俞嵘．应收账款质押在银行授信业务中的运用［J]. 新金融，2008（5）：60－63.

［60］泰宏昌．商业银行开展应收账款质押融资问题研究

[J]. 金融理论与实践，2008（7）：19 -23.

[61] Minsky H. The financial instability hypothesis: Capitalist process and the behavior of the economy [M] //Charles P, Kindlenger and Jean - Pierre Laffargue (eds.) financial crisis: theory, history and police, Cambridge: Cambridge University Press, 1982.

[62] Kregel J A. Margins of safety and weight of the argument in generating financial fragility [J]. Journal of Economics Issues, 1997 (2).

[63] Cesar Martinelli. Small firms, borrowing constraints, and reputation [J]. Journal of Economic Behavior and Organizations. 1997 (33): 91 -105.

[64] Morgan J P. Creditmetries technical document [M]. New York, 1997.

[65] KMV. Corporation credit monitor overview [M]. San Franeisco California, 1993.

[66] Credit Suisse. CreditRisk +: A Credit Risk Management Framework [M]. Credit Suisse Financial Produets, 1997.

[67] Michel Crouhy, Dan Galai and Robert Mark. A comparative analysis of current credit risk modelst [J]. Journal of Banking & Finance 2000 (24): 59 -117.

[68] 王春峰，万海晖，张维．商业银行信用风险评估及其实证研究 [J]. 管理科学学报，1998（1）.

[69] 王春峰，万海晖，张维．基于神经网络技术的商业银行信用风险评估 [J]. 系统工程理论与实践，1999（9）.

[70] 王春峰，万海晖，张维．金融市场风险测量模型——VaR [J]. 系统工程学报，2000，15（1）：67 -75.

[71] 邓云胜，沈沛龙，任若恩．贷款组合信用风险 VaR 的蒙特卡罗仿真 [J]. 计算机仿真，2003（2）：92－95.

[72] 吴军，张继宝．信用风险量化模型比较分析 [J]. 国际金融研究，2004（8）：50－54.

[73] 艾东．中小企业物流融资风险管理探讨 [J]. 上海金融，2005（12）：37－39.

[74] 沈沛龙，任若恩．现代信用风险管理模型和方法的比较研究 [J]. 经济科学，2002（3）：32－41.

[75] 陈忠阳．违约损失率（LGD）研究 [J]. 国际金融研究，2004（5）：49－57.

[76] 储雪俭，梁虹龙．对发展物流金融中信贷风险防范的思考 [J]. 物流技术，2005（2）：106－107.

[77] 唐少麟，乔婷婷．发展物流金融强化供应链整合——物流金融系列研讨之一 [J]．物流技术，2006（2）：99－102.

[78] 李娟，徐渝，冯耕中．基于存货质押融资业务的博弈分析 [J]. 生产力研究，2007（20）：49－50.

[79] 刘士宁．供应链金融的发展现状与风险防范 [J]. 中国物流与采购，2007（7）：68－69.

[80] 陈祥锋．供应链金融服务创新论 [M]. 上海：复旦大学出版社，2008：9.

[81] 张涛，孙林岩．供应链不确定性管理：技术与策略 [M]. 北京：清华大学出版社，2005：17－18.

[82] Joel D. Wisner，G. Keong 等．供应链管理 [M]. 朱梓齐译．北京：机械工业出版社，2006.

[83] 中野明．图解高德拉特约束理论 [M]. 吴麒译．北京：中国人民大学出版社，2008：12.

[84] Akerlof G. The market for "Lemons": Quality uncertainty and the market Mechanism [J]. Quarterly Journal of Economics, 1970, 83 (3): 488-500.

[85] 黄滨，骆燕. 信息不对称对中小企业融资的影响 [J]. 商业时代，2007 (31): 88-89.

[86] 刘波，孙岩林. 需求流动网——供应链创新模式 [M]. 北京：清华大学出版社，2005 (8): 52-56.

[87] 田宇，朱道立. 物流联盟的形成机理研究 [J]. 物流技术，2001 (2): 34-36.

[88] 张钦，张亚红. 基于交易成本分析的供应链治理 [J]. 淮阴工学院学报，2005 (8): 5-8.

[89] Jay W. Forrester. Industrial Dynamices: A Breakthrough for Decision Makers [J]. Harvard Business Review, 1958, 36 (4): 37-66.

[90] Jay W. Forrester. Industrial Dynamics [M]. Cambridge: MIT Press, 1961.

[91] 顾启泰. 离散事件系统建模与仿真 [M]. 北京：清华大学出版社，1999.

[92] 李仲学，赵广文，李翠平. 离散事件仿真及其应用的某些进展 [J]. 计算机仿真，1999, 16 (4): 3-6.

[93] www. studa. net/guanliqita/060402/15012058. html.

[94] 杨瑾，尤建新. 基于SD的集群供应链系统集成效应研究 [J]. 科技与管理，2006, 2 (36): 35-39.

[95] 张维明. 信息系统原理与工程 [M]. 北京：电子工业出版社，2002.

[96] 杨绍辉. 从商业银行的业务模式看供应链融资服务

[J]. 物流技术，2005（10）：179－182.

[97] 何涛，翟丽．基于供应链的中小企业融资模式分析 [J]. 物流技术，2007（5）：87－91.

[98] 宋炳方．商业银行供应链融资业务 [M]. 北京：经济管理出版社，2008.

[99] 林毅夫，李永军．金融机构发展与中小企业融资 [J]. 经济研究，2001（1）：15－16.

[100] 郑绍庆．中小企业融资渠道的创新研究 [J]. 企业金融，2006（8）：11－13.

[101] Ben J Sopranzett. The Economic of Factoring Accounting Recieiveable [J]. Jounal of Economic and Business，1998（50）：39－59.

[102] 陈祥锋，朱道立．现代物流金融服务创新——金融物流 [J]. 物流技术，2005（4）：6－15.

[103] 陈祥锋，石代伦，朱道立．融通仓与物流金融服务创新 [J]. 科技导报，2005，23（9）：30－32.

[104] 陈祥锋，石代伦，朱道立．融通仓运作模式研究 [J]. 物流技术与应用，2006a（1）：97－99.

[105] 陈祥锋，石代伦，朱道立．金融供应链与融通仓服务 [J]. 物流技术与应用，2006b（3）：93－95.

[106] 蒋益辉．我国物流金融发展理论研究述评 [J]. 物流论坛，2007（4）：7－9.

[107] 李守一．现代企业对策论 [M]. 北京：高等教育出版社，1998.

[108] David G，Shapely L. College admission and the stability of marriage [J]. Amer. Math，Monthly，1962（69）：9－25.

[109] Harsanyi. Games with incomplete information played by

byyesian players Parts Ⅰ Ⅱ Ⅲ [M] . Management Science, 1967 (14): 159 – 182, 320 – 334, 486 – 502.

[110] Fraser N M, Hipel K W. Conflict Anlysis: Models and Resolution [M]. North – Holland, 1984.

[111] Faigle U, Kern W, Fekete S P, et al. The nucleon of cooperative games and an algorithm for matching games [J]. Mathematical Programing, 1988 (2): 195 – 211.

[112] 刘德铭，黄镇高．对策论及其应用 [M]. 长沙：国防科技大学出版社，1995.

[113] 夏传文，罗泊．信息不对称下商业银行在投资决策中的作用研究 [J]. 金融与保险，2007 (3): 117 – 119.

[114] 马荣华．外债水平的信号传递效应研究 [J]. 山东财政学院学报，2005 (6): 39 – 42.

[115] 谢江林，何宜庆，陈涛．中小高新技术企业 R&D 信息披露的信号传递模型研究 [J]. 科技进步与对策，2009 (7): 83 – 86.

[116] 黄祖庆．物流与供应链中的三大问题研究 [M]. 北京：中国农业出版社，2007.

[117] Holmstrom. Managerial Incentive Problem—A Dynamic Perspective [J]. The Review of Economic Studies, 1999, 66 (1): 169 – 182.

[118] Fama E. Agency Problem and the Theory of the Firm [J]. Journal of Political Economy, 1980 (88): 288 – 307.

[119] Meyer M, Vickers J. Performance Comparison and Dynamic Incentive [M]. Mimeo, Nuffield College, Oxford University, 1994.

[120] 田新时．金融风险管理的理论与实践 [M]. 北京：科

学出版社，2006（11）：242－245.

［121］刘丰名．巴塞尔协议与国际金融法［M］．武汉：武汉测绘科技大学出版社，1994.

［122］吴军，张继宝．信用风险A化模型比较分析［J］．国际金融研究，2004（8）：50－54.

［123］王卫东．现代银行全面风险管理［M］．北京：中国经济出版社，2003.

［124］杨文．银行风险与风险管理实务［M］．北京：中国物资出版社，1999.

［125］章彰．商业银行信用风险管理——兼论巴塞尔资本协议［M］．北京：中国人民大学出版社，2002.

［126］于研．信用风险的测定与管理［M］．上海：上海财经大学出版社，2003.

［127］张云涛，龚玲．数据挖掘原理与技术［M］．北京：电子工业出版社，2004.

［128］陈安，刘鲁，陈宁等．供需链管理中的数据挖掘［C］．Proceedings of the 3rd World Congress on Intelligent Control and Automation，2000.

［129］陈畴镛，陆锦洪．基于数据挖掘方法的供应链合作伙伴选择［J］．数量经济技术经济研究，2002（12）：79－84.

［130］Jiawei Han，Micheline Kamber. 数据挖掘概念与技术［M］．范明，孟小峰等译．北京：机械工业出版社，2006：128－137.

［131］程剑鸣，孙晓岭．中小企业融资［M］．北京：清华大学出版社，2006：107－110.

［132］王凤荣．中小高新技术企业成长的金融支持制度研究［M］．北京：中国经济出版社，2006：10－12.

[133] 刘萍. 应收账款担保融资创新与监管 [M]. 北京：中信出版社，2009.

[134] 殷明，崔毅. 企业信用风险管理的定量决策模型研究 [J]. 山西大学学报（自然科学版），2002，25（4）：369 - 371.

后　记

感谢您耐心地读到这里，读到这个后记。

本书源自我的博士论文，选题有些偶然。读博期间，初识了一些供应链管理的思想，而我的导师是研究金融的，两者结合就选择了“供应链金融”为主题。当时“供应链金融”在我国还处于起步阶段，增加了这一问题的研究难度。好在有导师、朋友以及家人的帮助和支持，让我在掩卷之余，反倒有种“众里寻她千百度，蓦然回首，那人却在灯火阑珊处”的豁然开朗。

十分怀念和同学相处的日子。在那些日子里，通过学术交流和探讨让我受益匪浅，而且他们的关心和帮助也让我感受到了友谊的珍贵。

同时，感谢所有参考文献的作者，是他们的研究为我打下坚实的理论基础。

本书的出版为我开启了一扇新的大门，我将不忘初心，牢记使命，在育人的道路上努力向前。

谢江林

2019.10